卷首语

2010年11月21日，最高人民法院发布了《关于人民法院在互联网公布裁判文书的规定》。全国各级法院在互联网公布裁判文书的工作开始走上制度化轨道，并取得了积极的进展和成效，但在实践中也存在一些问题。为适应新形势下人民群众的新期待和司法工作自身发展的新要求，贯彻落实审判公开原则，规范人民法院在互联网公布裁判文书工作，促进司法公正，提升司法公信力，最高人民法院2013年11月27日出台了新的《关于人民法院在互联网公布裁判文书的规定》。本辑特邀最高人民法院司法改革领导小组办公室负责人对该文件进行解读，以便读者理解与适用。

近年来，最高人民法院开通了中国裁判文书网，成立新闻局和信息中心，出台了一系列关于司法公开的意见和规定，充分显示了人民法院全面推进司法公开的信心和决心。为贯彻十八届三中全会精神，适应信息化时代新要求，满足人民群众对司法公开的新期待，最高人民法院在广泛调研的基础上制定并公开发布了《关于推进司法公开三大平台建设的若干意见》，就全面推进司法公开三大平台建设提出明确目标和具体要求。本辑《解读》收录了该文件及其相关解读文章，以供读者参考。

图书在版编目（CIP）数据

民事法律文件解读．总第108辑/奚晓明主编．—北京：人民法院出版社，2013.12
（最新法律文件解读丛书）
ISBN 978-7-5109-0875-0

Ⅰ.①民…　Ⅱ.①奚…　Ⅲ.①民法-法律解释-中国②民事诉讼法-法律解释-中国　Ⅳ.①D923.05②D925.105

中国版本图书馆CIP数据核字（2013）第318513号

民事法律文件解读·总第108辑
主编　奚晓明

责任编辑　肖瑾璟
出版发行　人民法院出版社
地　　址　北京市东城区东交民巷27号　**邮编**　100745
电　　话　(010) 67550562（责任编辑）　67550558（发行部查询）
65223677（读者服务部）
网　　址　http://www.courtbook.com.cn
E-mail　courtbook@sina.com
印　　刷　三河市国英印刷有限公司
经　　销　新华书店
开　　本　787×1092毫米　1/16
字　　数　140千字
印　　张　8
版　　次　2013年12月第1版　　2013年12月第1次印刷
书　　号　ISBN 978-7-5109-0875-0
定　　价　16.00元

《最新法律文件解读》丛书

编 委 会

执行编辑　肖瑾璟

电　　话　（010）67550562

邮　　箱　courtbook@163.com

目 录

[司法解释、司法解释性文件与解读]

最高人民法院

关于人民法院在互联网公布裁判文书的规定

法释〔2013〕26号

（2013年11月13日由最高人民法院审判委员会第1595次会议通过
2013年11月21日最高人民法院公告公布
自2014年1月1日起施行）

为贯彻落实审判公开原则，规范人民法院在互联网公布裁判文书工作，促进司法公正，提升司法公信力，根据《中华人民共和国刑事诉讼法》《中华人民共和国民事诉讼法》《中华人民共和国行政诉讼法》等相关规定，结合人民法院工作实际，制定本规定。

第一条 人民法院在互联网公布裁判文书，应当遵循依法、及时、规范、真实的原则。

第二条 最高人民法院在互联网设立中国裁判文书网，统一公布各级人民法院的生效裁判文书。

各级人民法院对其在中国裁判文书网公布的裁判文书质量负责。

第三条 各级人民法院应当指定专门机构负责互联网公布裁判文书的管理工作。该机构履行以下职责：

（一）组织、上传裁判文书；

（二）发现公布的裁判文书存在笔误或者技术处理不当等问题的，协调有关部门及时处理；

（三）其他相关的指导、监督和考评工作。

第四条 人民法院的生效裁判文书应当在互联网公布，但有下列情形之一的除外：

（一）涉及国家秘密、个人隐私的；

（二）涉及未成年人违法犯罪的；

（三）以调解方式结案的；

（四）其他不宜在互联网公布的。

第五条 人民法院应当在受理案件通知书、应诉通知书中告知当事人在互联网公布裁判文书的范围，并通过政务网站、电子触摸屏、诉讼指南等多种方式，向公众告知人民法院在互联网公布裁判文书的相关规定。

第六条 人民法院在互联网公布裁判文书时，应当保留当事人的姓名或者名称等真实信息，但必须采取符号替代方式对下列当事人及诉讼参与人的姓名进行匿名处理：

（一）婚姻家庭、继承纠纷案件中的当事人及其法定代理人；

（二）刑事案件中被害人及其法定代理人、证人、鉴定人；

（三）被判处三年有期徒刑以下刑罚以及免予刑事处罚，且不属于累犯或者惯犯的被告人。

第七条 人民法院在互联网公布裁判文书时，应当删除下列信息：

（一）自然人的家庭住址、通讯方式、身份证号码、银行账号、健康状况等个人信息；

（二）未成年人的相关信息；

（三）法人以及其他组织的银行账号；

（四）商业秘密；

（五）其他不宜公开的内容。

第八条 承办法官或者人民法院指定的专门人员应当在裁判文书生效后七日内按照本规定第六条、第七条的要求完成技术处理，并提交本院负责互联网公布裁判文书的专门机构在中国裁判文书网公布。

第九条 独任法官或者合议庭认为裁判文书具有本规定第四条第四项不宜在互联网公布情形的，应当提出书面意见及理由，由部门负责人审查后报主管副院长审定。

第十条 在互联网公布的裁判文书，除依照本规定的要求进行技术处理的以外，应当与送达当事人的裁判文书一致。

人民法院对送达当事人的裁判文书进行补正的，应当及时在互联网公布补正裁定。

第十一条 人民法院在互联网公布的裁判文书，除因网络传输故障导致与送达当事人的裁判文书不一致的以外，不得修改或者更换；确因法定理由或者其他特殊原因需要撤回的，应当由高级人民法院以上负责互联网公布裁判文书的专门机构审查决定，并在中国裁判文书网办理撤回及登记备案手续。

第十二条 中国裁判文书网应当提供操作便捷的检索、查阅系统，方便公众检索、查阅裁判文书。

第十三条 最高人民法院负责监督和指导地方各级人民法院在互联网公布裁判文书的工作。

高级人民法院负责组织、指导、监督和检查辖区内各级人民法院在互联网公布裁判文书的工作。

第十四条 各高级人民法院在实施本规定的过程中，可以结合工作实际制定实施细则。中西部地区基层人民法院在互联网公布裁判文书的时间进度由高级人民法院决定，并报最高人民法院备案。

第十五条 本规定自2014年1月1日起实施。最高人民法院2010年11月8日制定的《关于人民法院在互联网公布裁判文书的规定》（法发〔2010〕48号）同时废止。最高人民法院以前发布的司法解释和规范性文件与本规定不一致的，以本规定为准。

解读——《最高人民法院关于人民法院在互联网公布裁判文书的规定》

最高人民法院司法改革领导小组办公室负责人

为贯彻落实审判公开原则，规范人民法院在互联网公布裁判文书工作，促进司法公正，提升司法公信力，最高人民法院根据《中华人民共和国刑事诉讼法》《中华人民共和国民事诉讼法》《中华人民共和国行政诉讼法》等相关规定，结合人民法院工作实际，经审判委员会第1595次会议讨论，通过了《关于人民法院在互联网公布裁判文书的规定》（以下简称《规定》），该《规定》已于11月27日公布。现就《规定》相关问题进行说明：

一、《规定》出台的背景和意义

2010年11月21日，最高人民法院发布了《关于人民法院在互联网公布裁判文书的规定》（以下简称2010年《规定》）。全国各级法院在互联网公布裁判文书的工作开始走上制度化轨道，并取得了积极的进展和成效，但在实践中也存在一些问题：一是工作进展不平衡；二是工作机制不完善；三是与人民群众的新期待不相适应。为进一步深化和推进司法公开，最高人民法院决定着力建设包括审判流程公开、裁判文书公开、执行信息公开在内的三大司法公开平台，并决定出台具体的司法解释，进一步推进和规范在互联网公布裁判文书的工作。为适应新形势下人民群众的新期待和司法工作自身发展的新要求，最高人民法院专门成立了起草小组，在认真调研各级法院工作实践的同时，广泛听取专家学者、律师以及其他社会各界的意见和建议，深入研究域外的制度和实践，反复修改十余次，经审判委员会讨论通过后，最终出台了该《规定》。

近日，党的十八届三中全会作出的《中共中央关于全面深化改革若干重大问题的决定》，把“增强法律文书说理性，推动公开法院生效裁判文书”确定为健全司法权力运行机制改革的重要内容。可以说，《规定》的出台，是最高人民法院贯彻落实十八届三中全会精神的重大举措，是在履行重大的政治责任和任务，意义重大。《规定》的实施必将进一步规范人民法院在互联网公布裁判文书工作，促进裁判文书上网功能和价值的全面实现。

二、《规定》与2010年《规定》相比较的发展变化

与2010年《规定》相比，具体内容有以下发展变化：一是将符合条件的裁判文书的上网要求由“可以”改为“应当”，扩大了各级人民法院在互联网公布裁判文书的范围；二是不再赋予当事人对裁判文书上网的选择权，更加体现了裁判文书的公权力性质；三是改“上网审批”为“不上网审批”，突出了“上网为原则”的要求，简化了上网审批流程；四是强调当事人实名公开，满足了公众获取真实信息的需要；五是规定上网文书原则上不得修改、更换和撤回，保证了上网文书的真实性与严肃性；六是规定中国裁判文书网作为各级人民法院文书上网的统一平台，建立了便捷的检索系统，方便了公众查询。需要强调的是，《规定》是司法解释，具有强制执行的效力，目的是全面规范人民法院在互联网公布裁判文书的工作，实现文书上网的综合价值和功能。因此，《规定》实施后，2010年《规定》同时废止。

三、《规定》在实现公众对司法的知情权、参与权和监督权方面的具体规定

裁判文书是承载全部审判活动，体现审判结果的“司法产品”。人民法院将裁判文书在网上公开，有助于满足公众对司法的知情权、参与权和监督权。为此，《规定》首先要求人民法院通过政务网站、电子触摸屏、诉讼指南等多种方式，向公众告知人民法院在互联网公布裁判文书的相关规定，以此接受公众对人民法院在互联网公布裁判文书工作的全面监督。其次对人民法院在互联网公布裁判文书的工作作出全面而又具体的规定，着力满足公众对司法的新需求，包括：第一，全面公开，避免选择性公开。除法定情形外，人民法院生效的裁判文书均应当在互联网公布。第二，真实公开，杜绝失真性公开。强调当事人实名公开，上网公布的裁判文书要与送达当事人的文书内容一致，非因法定理由或者其他特殊原因不得撤回等。第三，及时公开，防止拖延性公开。要求裁判文书生效后七日内在互联网公布。第四，建立统一平台，全面实现裁判文书上网的综合功能。最高人民法院在互联网设立专门的中国裁判文书网，统一公布各级人民法院的裁判文书。第五，细化信息处理的范围和方式，最大限度地保护当事人依法享有的隐私权和其他个人信息安全。完善的技术处理不仅加大了对当事人及其他诉讼参与人合法权益的保护力度，而且能够在公众知情权与公民隐私权以及个人信息安全之间实现价值的平衡。第六，要求中国裁判文书网提供操作便捷的检索、查阅系统，方便公众检索、查阅裁判文书，最大程度地实现司法公开便民、利民和取信于民的内在价值。

四、《规定》在确保人民法院在互联网公布的裁判文书的真实性方面采取的措施

在互联网公布裁判文书是案件审判结果的公开，其重要目的体现在以下方面：满足公众对司法的知情，接受公众对司法的监督；通过裁判文书公开的倒逼机制，不断提升法官的能力和水平，加快法官职业化进程，促进司法公正；通过上网公布真实的裁判文书，推动全社会的诚信体系建设，切实履行司法的社会责任。上述目的的实现，有赖于在互联网公布的裁判文书的真实性。为防止实践中出现“阴阳”文书或者“化妆”文书，《规定》要求，人民法院在互联网公布裁判文书，除应当遵循依法、及时、规范原则外，还应当遵循“真实”的原则。具体包括：一是强调当事人实名公开。除一些特定案件外，上网公布的裁判文书应当保留当事人的真实姓名或者名称，以满足公众获取真实信息的需要。二是要求上网公布的裁判文书要与送达当事人的文书内容一致。除依照本规定的要求进行技术处理的内容以外，上网公布的裁判文书应当与送达当事人的一致。三是明确规定上网公布的裁判文书的修改、更换以及撤回的条件及程序。非因网络传输故障原因不得修改或者更换，没有法定理由或者其他特殊原因不得撤回。

五、中国裁判文书网的性质和功能

中国裁判文书网是最高人民法院在互联网设立的一个网站平台，其承载的主要功能是通过统一公布各级人民法院的生效裁判文书，全面实现裁判文书上网的综合价值与功能。具体包括两个方面：一是统一公布各级人民法院的生效裁判文书，解决目前裁判文书上网工作处于多个平台、资源分散、公众无法获取全面信息的困难，同时便于最高人民法院掌握各级人民法院裁判文书上网工作的总体情况，及时有效地开展监督指导工作；二是提供操作便捷的检索、查阅系统，方便公众检索、查阅裁判文书，充分满足公众对司法的知情权、参与权和监督权。

依照“谁的文书谁上网，谁上网谁负责”的原则，中国裁判文书网统一公布生效裁判文书的具体方式是，各级人民法院根据网站授权，自行上传和公布裁判文书，并对其公布的裁判文书的质量负责。这种质量责任既包括在裁判实体方面的责任，即裁判的公正性、合法性和说理性；又包括文书形式方面的责任，即文字错误或者技术处理方面的差错等。当然，上述规定并不排斥上级人民法院对下级人民法院在互联网公布裁判文书工作的监督指导。

六、规定以调解方式结案的裁判文书不上网的原因

目前规定调解书一律不上网，主要是基于以下考虑：其一，调解书是对当事人之间私权处分结果的司法确认，其并不直接反映法官的心证裁判过程。从尊重当事人意思自治的角度考虑，调解书不宜在互联网公开。其二，在目前社会矛盾多发，纠纷处理难度大的情况下，规定“以调解方式结案”的裁判文书不上网公布，可以有效引导当事人通过诉讼调解的方式化解纠纷。其三，《民事诉讼法》规定，“公众可以查阅发生法律效力的判决书、裁定书，但涉及国家秘密、商业秘密和个人隐私的内容除外”。这也意味着调解书不对公众公开。其四，对于社会关注度高的调解案件，人民法院可以通过专门的新闻发布方式来满足公众的知情权和监督权；对于具有指导意义的调解书，人民法院可以通过发布指导性或者参考性案例的方式予以公布。

七、在如何实现公众的知情权、监督权与当事人及诉讼参与人个人隐私和其他个人信息保护之间的关系平衡

在互联网公布的裁判文书保留当事人的姓名或者名称等真实信息，既能更好地保障公众行使知情权和监督权，同时也有利于促进社会诚信体系的建立。实名公开也是许多国家和地区的做法。在我国台湾地区，裁判文书公开经历过从实名公开到匿名处理，再次回归到实名公开的过程。当然，实名公开自然人的姓名，可能会对其生活、学习、就业带来一定的影响。为平衡公众知情权与当事人及其他诉讼参与人隐私权和其他个人信息安全之间的利益关系，《规定》要求必须采取符号替代方式对下列当事人及诉讼参与人的姓名进行匿名处理：一是婚姻家庭、继承纠纷等家事案件中当事人及其法定代理人。实名公布家事案件当事人及其法定代理人的姓名不利于私权保护。二是刑事案件中被害人及其法定代理人、证人、鉴定人。公布被害人及其法定代理人的姓名，极易使其受到二次伤害；公布证人、鉴定人的姓名，不利于证人、鉴定人作证。三是轻刑被告人。轻刑被告人的主观恶性一般不大，许多属于偶犯或者过失犯罪。实名公布其姓名，不利于其重新回归社会，但是，累犯或者惯犯被告人的危险性相对较大，实名公布其姓名，则可以增强公众的防范意识。另外，基于对当事人特别是未成年人权利保护的需要，《规定》要求对裁判文书涉及当事人的个人隐私以及其他个人信息（即家庭住址、通讯方式、身份证号码、银行账号、健康状况等足以识别个人身份的信息）、未成年人的相关信息、法人以及其他组织的银行账号、商业秘密等信息，进行删除处理。同时还设置了兜底条款，规定“其他不宜公开的内容”也应当予以删除，以便于实践中充分保护相关个人的合法权益以及国家利益、社会公共利益等。

八、对中西部地区基层人民法院在互联网公布裁判文书工作的时间进度做出变通规定的原因

制定《规定》的目的是为了全面推进和最终实现全国四级法院全部在互联网公布生效裁判文书。根据《规定》要求，自 2014 年 1 月 1 日起，除最高人民法院、高级人民法院和中级人民法院应当上网公布裁判文书外，东部的北京、天津、辽宁、上海、江苏、浙江、福建、山东、广东、海南十个省市以及中西部地区的河南、广西两省区的基层人民法院也要率先实现生效裁判文书上网公布。考虑到中西部地区尚有部分基层法院近期实现裁判文书上网确实存在较大困难，《规定》特作出如下变通规定：中西部地区基层人民法院在互联网公布裁判文书的时间进度由高级人民法院决定，报最高人民法院备案。应当相信，随着信息化建设步伐的不断加快，中西部地区三级法院生效裁判文书实现全面上网的“时间表”和“路线图”也会尽快确定。

最高人民法院

印发《关于推进司法公开三大平台建设的若干意见》的通知

2013年11月21日　　法发〔2013〕13号

全国地方各级人民法院，各级军事法院，新疆生产建设兵团各级法院：

现将《最高人民法院关于推进司法公开三大平台建设的若干意见》予以印发，请认真贯彻执行。

最高人民法院

关于推进司法公开三大平台建设的若干意见

为贯彻党的十八届三中全会精神，进一步深化司法公开，依托现代信息技术，打造阳光司法工程，全面推进审判流程公开、裁判文书公开、执行信息公开三大平台建设，增进公众对司法的了解、信赖和监督，现结合人民法院工作实际，提出如下意见。

一、推进司法公开三大平台建设的意义、目标和要求

1. 充分认识推进司法公开三大平台建设的重大意义。建设司法公开三大平台，是人民法院适应信息化时代新要求，满足人民群众对司法公开新期待的重要战略举措。人民法院应当以促进社会公平正义、增加人民福祉为出发点和落脚点，全面推进司法公开三大平台建设。

2. 努力实现推进司法公开三大平台建设的基本目标。人民法院应当通过建设与公众相互沟通、彼此互动的信息化平台，全面实现审判流程、裁判文书、执行信息的公开透明，使司法公开三大平台成为展示现代法治文明的重要窗口、保障当事人诉讼权利的重要手段、履行人民法院社会责任的重要途径。通过全面推进司法公开三大平台建设，切实让人民群众在每一个司法案件中都感受到公平正义。

3. 准确把握推进司法公开三大平台建设的总体要求。人民法院应当提高认识，转变观念，严格按照以下要求推进司法公开三大平台建设：

（1）统一规划，有序推进。人民法院应当在最高人民法院的统一指导下，在各高级人民法院的统筹规划下，立足实际，循序渐进，有计划、分批次地推进司法公开三大平台建设。司法公开示范法院和信息化建设有一定基础的法院，应当率先完成建设任务。

（2）科技助推，便捷高效。人民法院应当依托现代信息技术，不断创新公开方式，拓宽公开渠道，通过建立网上办案系统与司法公开平台的安全输送、有效对接机制，实现各类信息一次录入、多种用途、资源共享，既方便公众和当事人查询，又避免重复劳动，最大限度地减少审判人员的工作负担。

（3）立足服务，逐步拓展。人民法院应当充分发挥司法公开三大平台在资讯提供、意见搜集和信息反馈方面的作用，逐步开发其在远程预约立案、公告、送达、庭审、听证、查控方面的辅助功能，提升互动服务效能。公众通过平台提出的意见和建议，应当成为人民法院审判管理、审判监督、纪检监察和改进工作的重要依据。

二、推进审判流程公开平台建设

4. 人民法院应当加强诉讼服务中心（立案大厅）的科技化与规范化建设，利用政务网站、12368 电话语音系统、手机短信平台、电子公告屏和触摸屏等现代信息技术，为公众提供全方位、多元化、高效率的审判流程公开服务。

5. 人民法院应当通过审判流程公开平台，向公众公开以下信息：（1）法院地址、交通图示、联系方式、管辖范围、下辖法院、内设部门及其职能、投诉渠道等机构信息；（2）审判委员会组成人员、审判人员的姓名、职务、法官等级等人员信息；（3）审判流程、裁判文书和执行信息的公开范围和查询方法等司法公开指南信息；（4）立案条件、申请再审、申诉条件及要求、诉讼流程、诉讼文书样式、诉讼费用标准、缓减免交诉讼费用的程序和条件、诉讼风险提示、可供选择的非诉讼纠纷解决方式等诉讼指南信息；（5）审判业务文件、指导性案例、参考性案例等审判指导文件信息；（6）开庭公告、听证公告等庭审信息；（7）人民陪审员名册、特邀调解组织和特邀调解员名册、评估、拍卖及其他社会中介入选机构名册等名册信息。

6. 人民法院应当整合各类审判流程信息，方便当事人自案件受理之日起，凭密码从审判流程公开平台获取以下信息：（1）案件名称、案号、案由、立案日期等立案信息；（2）合议庭组成人员的姓名、承办法官与书记员的姓名、办公电话；（3）送达、管辖权处理、财产保全和先予执行情况；（4）庭审时间、审理期限、审限变更、诉讼程序变更等审判流程节点信息。

7. 人民法院应当积极推进诉讼档案电子化工程，完善转化流程、传送机制和备份方式，充分发挥电子卷宗在提高效率、节约成本、便民利民方面的功能。

8. 人民法院应当积极创新庭审公开的方式，以视频、音频、图文、微博等方式适时公开庭审过程。人民法院的开庭公告、听证公告，至迟应当于开庭、听证三日前在审判流程公开平台公布。

9. 人民法院应当加强科技法庭建设，对庭审活动全程进行同步录音录像，做到"每庭必录"，并以数据形式集中存储、定期备份、长期保存。当事人申请查阅庭审音像记录的，人民法院可以提供查阅场所。

三、推进裁判文书公开平台建设

10. 最高人民法院建立中国裁判文书网，作为全国法院统一的裁判文书公开平台。地方各级人民法院应当在政务网站的醒目位置设置中国裁判文书网的网址链接，并严格按照《最高人民法院关于人民法院在互联网公布裁判文书的规定》，在裁判文书生效后七日内将其传送至中国裁判文书网公布。人民法院可以通过政务微博，以提供链接或长微博等形式，发布社会关注度高、具有法制教育、示范和指导意义的案件的裁判文书。

11. 在互联网公布裁判文书应当以公开为原则，不公开为例外，不得在法律和司法解释规定之外对这项工作设置任何障碍。各级人民法院对其上传至中国裁判文书网的裁判文书的质量负责。

12. 人民法院应当严格把握保障公众知情权与维护公民隐私权和个人信息安全之间的关系，结合案件类别，对不宜公开的个人信息进行技术处理。对于因网络传输故障或技术处理失误导致当事人信息被不当公开的，人民法院应当依照程序及时修改或者更换。

13. 中国裁判文书网应当提供便捷有效的查询检索系统，方便公众按照关键词对在该网公布的裁判文书进行检索，确保裁判文书的有效获取。

14. 最高人民法院率先推动本院裁判文书在互联网公布，并监督指导地方各级人民法院在互联网公布裁判文书的工作。各高级人民法院监督指导辖区内法院在互联网公布裁判文书的工作。各级人民法院应当指定专门机构，负责在互联网公布裁判文书的组织、管理、指导和监督工作，并完善工作流程，明确工作职责。

四、推进执行信息公开平台建设

15. 人民法院应当规范执行信息的收集、交换和使用行为，在确保信息安全的前提下，实现上下级法院之间、异地法院之间、同一法院的立案、审判与执行部门之间的执行信息共享。

16. 人民法院应当整合各类执行信息，方便当事人凭密码从执行信息公开平台获取以下信息：（1）执行立案信息；（2）执行人员信息；（3）执行程序变更信息；（4）执行措施信息；（5）执行财产处置信息；（6）执行裁决信息；（7）执行结案信息；（8）执行款项分配信息；（9）暂缓执行、中止执行、终结执行信息等。

17. 人民法院应当通过执行信息公开平台，向公众公开以下信息：（1）执行案件的立案标准、启动程序、执行收费标准和根据、执行费缓减免的条件和程序；（2）执行风险提示；（3）悬赏公告、拍卖公告等。

18. 人民法院应当对重大执行案件的听证、实施过程进行同步录音录像，并允许当事人依申请查阅。有条件的人民法院应当为执行工作人员配备与执行指挥中心系统对接的信息系统，将执行现场的视频、音频通过无线网络实时传输回执行指挥中心，并及时存档，实现执行案件的全程公开。

19. 人民法院应当充分发挥执行信息公开平台对失信被执行人的信用惩戒功能，向公众公开以下信息，并方便公众根据被执行人的姓名或名称、身份证号或组织机构代码进行查询：（1）未结执行实施案件的被执行人信息；（2）失信被执行人名单信息；（3）限制出境被执行人名单信息；（4）限制招投标被执行人名单信息；（5）限制高消费被执行人名单信息等。

20. 人民法院应当为各类征信系统提供科学、准确、全面的信息，实现执行信息公开平台与各类征信平台的有效对接。

五、工作机制

21. 加强组织领导，强化工作保障。最高人民法院统一指导全国法院的司法公开三大平台建设工作，制定推进规划，开发配套软件，确定评估标准，定期督促检查。各高级人民法院具体统筹辖区内法院的司法公开三大平台建设工作，完善实施细则，协调解决问题，总结推广经验。各级人民法院主要领导要把司法公开三大平台建设作为“一把手”工程，列入重要议事日程，积极主动争取党委、人大和政府的支持。要切实采取有效措施，不断完善硬件设施和技术条件，为司法公开三大平台建设提供强有力的物质保障。

22. 做好统筹协调，完善配套机制。各级人民法院要明确管理机构，专门负责推进司法公开三大平台建设工作。要建立有效的协调机制，加强司法公开管理部门与业务部门的沟通配合，提升一线人员在司法公开工作上的责任心、积极性。要加强上级法院对下级法院深化司法公开工作的指导责任，及时总结经验、纠正偏差。

23. 加强督促检查，狠抓工作落实。对司法公开三大平台建设工作的检查评估，要采取督查、抽查和自查相结合的方式，注重三大平台运行的系统性、顺畅性和有效性，不能只追求排名和指标，更不能搞形式主义。要扎实做好司法公开三大平台的宣传工作，确保人民法院深化司法公开的举措为公众知悉，受公众检验，被公众认可。

解读——《最高人民法院关于推进司法公开三大平台建设的若干意见》

最高人民法院司法改革领导小组办公室负责人

一、《意见》的起草背景

人民法院历来高度重视司法公开工作，始终把深化司法公开作为推进司法改革的重要内容。近年来，最高人民法院开通了中国裁判文书网，成立新闻局和信息中心，出台了一系列关于司法公开的意见和规定，在全国确定200个司法公开示范法院，充分显示了人民法院全面推进司法公开的信心和决心。地方各级人民法院在深化司法公开方面进行了积极有效的探索，积累了许多好的经验。

党的十八届三中全会从全面深化改革、建设法治中国的高度，对人民法院推进司法公开提出了更新更高的要求。随着信息技术的飞速发展和经济社会形势的不断变化，公众获取信息的渠道更多元、方式更便利、效率更快捷，对公共事务日益关切，对人民法院的司法公开工作也有了更多新要求新期待，如希望随时查询案件进程、在线预约诉讼服务、获取裁判文书、向法院反馈信息，等等。为贯彻十八届三中全会精神，适应信息化时代新要求，满足人民群众对司法公开的新期待，最高人民法院在广泛调研的基础上制定并公开发布这个《意见》，就全面推进司法公开三大平台建设提出明确目标和具体要求。

二、《意见》的主要内容和特点

《意见》包括五大部分，第一部分明确了推进司法公开三大平台的重大意义、基本目标和总体要求。第二、三、四部分依次对审判流程公开、裁判文书公开、执行信息公开三大平台建设提出了具体要求。第三部分对推进司法公开三大平台建设的工作机制提出明确要求，涉及组织领导、物质保障、统筹协调和督促协调等各个层面。

为了使《意见》更加符合时代需求和审判实际，最高人民法院在文件起草期间，召开了数十场调研会，广泛听取了地方各级人民法院和互联网专家、法律学者与律师群体的意见建议。《意见》的主要特点在于：一是具有时代特色。集中反映了人民群众对司法公开的最新需求，吸收了各地法院深化司法公开的新经验，体现了互联网时代信息技术发展的新特色。二是尊重司法规律。根据人民法院审判、执行工作的特点，科学界定了司法公开的范围、时限和方式，避免发生盲目公开或无序公开的现象。三是密切联系实际。结合各地法院硬件建设和经济发展的实际水平，提出了务实有序、逐步拓展的建设要求，强调要确保各类信息一次录入、多种用途、资源共享，不增加一线审判人员工作负担，禁止搞形式主义，避免让三大平台建设成为“政绩工程”或“面子工程”。

三、“平台”的含义及三大平台之间的关系

平台是指依托计算机硬件和软件搭建的信息传送系统，具备在线办事、查询检索、沟通交流、及时反馈等功能。传统的司法公开方式，主要是单向的信息发布，而通过建设司法公开信息化平台，公众和当事人可以与人民法院进行双向互动，交流、办事和查询将更加方便，获取信息的方式更为多元、便捷。

需要强调的是，司法公开三大平台并不是三个各自为阵、互不相关的独立平台，而是一个有机联系的整体。它是以人民法院的政务网站为基础，通过互联网聚合联通的三大板块，功能上各有侧重，资源上互联互通，内容上互为补充。司法公开三大平台，既是人民群众在打官司过程中最关心的三个关键环节，又是制约和影响司法公正的三个关键节点。推进司法公开三大平台建设，着力发挥现代信息技术在服务、交流方面的核心作用，真正将纸面上的司法公开落到实处、发挥实效。

四、推进审判流程公开平台建设的主要内容

审判流程是人民法院在立案、庭审、听证、合议、宣判等诉讼过程中产生的各类静态和动态信息。建设审判流程公开平台，就是借助信息化手段，将人民法院上述信息依法向当事人和社会公开。具体要求包括：一是以政务网站为基础平台，通过手机短信、电话语音系统、电子触摸屏、微博、微信等技术手段，为公众和当事人提供全方位、多元化的司法服务。二是开发完善统一的审判流程查询系统，方便当事人查询案件进展情况，增加审判工作透明度，最大程度压缩信息寻租的空间。三是充分发挥审判流程公开平台在远程预约立案、公告、送达、庭审、听证方面的辅助功能。四是大力推进诉讼档案电子化工程，切实提升工作效率，减轻当事人讼累。五是积极创新庭审公开方式，以视频、音频、图文、微博等方式及时公开庭审过程。六是加强科技法庭建设，对庭审活动全程进行同步录音录像，逐步实现“每庭必录”，并方便当事人依法查阅。

五、推进裁判文书公开平台建设的主要内容

裁判文书是人民法院审判工作的最终产品，是承载全部诉讼活动与法官推理的重要载体。最高人民法院已经在今年7月1日开通了中国裁判文书网，并积极推动最高人民法院符合条件的裁判文书全部上网。我们所说的裁判文书公开平台，其实就特指以中国裁判文书网为基础形成的全国统一的操作系统。截至目前，中国裁判文书网与各高院裁判文书传送平台已经联通，从2014年1月1日起，全国各级人民法院的生效裁判文书将陆续在该网公布，最终实现四级法院依法能够公开的裁判文书全部上网。《意见》强调，在互联网公布裁判文书要以公开为原则，不公开为例外，各级人民法院对其在中国裁判文书网公布的裁判文书的质量负责。《意见》还配合《最高人民法院关于人民法院在互联网公布裁判文书的规定》，对如何保障公众知情权与维护公民隐私权和个人信息安全之间的关系、如何确保裁判文书能够被有效查询检索、如何完善裁判文书上网的工作机制，提出了具体而明确的要求。

六、推进执行信息公开平台建设的主要内容

执行信息是人民法院在执行过程中产生的各类信息，它可以全面及时地反映人民法院依法进行的执行活动。人民法院通过建立执行信息公开平台，可以及时公开执行信息，让公众和当事人及时了解人民法院为实现当事人的胜诉权益所采取的执行措施，争取人民群众对法院执行工作的理解，最大程度挤压利用执行权寻租的空间，充分发挥执行公开的防腐功能。具体要求包括：一是完善执行信息查询系统，开发执行信息短信发送平台，方便当事人随时查询、了解执行案件进展情况。二是对重大执行案件的听证、实施过程进行同步录音录像，并允许当事人依申请查阅。三是向公众公开失信被执行人名单信息、限制出境被执行人名单信息、限制高消费被执行人名单信息等，充分发挥执行信息公开平台对失信被执行人的信用惩戒功能。四是为各类征信系统提供科学、准确、全面的信息，积极推进执行信息公开平台与社会诚信体系对接，促进社会诚信建设。

七、《意见》发布后，最高人民法院的相关举措

《意见》正式发布后，最高人民法院将继续抓好以下几项工作：一是做好统筹规划，有序推进三大平台建设。抓紧制定人民法院推进司法公开三大平台建设的“路线图”和“时间表”，将其纳入明年发布的《人民法院第四个五年改革纲要（2014～2018）》，把推进司法公开确定为人民法院深化司法体制改革的突破口。二是做好督促检查，确保三大平台建设发挥实效。最高人民法院将尽快确定评估标准，加强监督指导，在评价工作效果时，更加注重三大平台运行的系统性、顺畅性和有效性，不追求排名和指标，更不搞形式主义。三是总结梳理经验，及时公布司法公开改革成效。根据全国法院深化司法公开的总体情况，最高人民法院将在总结司法公开三大平台建设经验的基础上，适时发布《人民法院司法公开工作白皮书》，如实反映人民法院推进司法公开三大平台、打造阳光司法工程的主要做法、重要成就以及存在的问题。

人民检察院民事诉讼监督规则（试行）

高检发释字〔2013〕3号

（2013年9月23日最高人民检察院第十二届检察委员会第十次会议通过
2013年11月18日最高人民检察院公告现予公布　自即日起施行）

目　录

第一章 总 则

第一条 为了保障和规范人民检察院依法履行民事检察职责，根据《中华人民共和国民事诉讼法》、《中华人民共和国人民检察院组织法》和其他有关规定，结合人民检察院工作实际，制定本规则。

第二条 人民检察院依法独立行使检察权，通过办理民事诉讼监督案件，维护司法公正和司法权威，维护国家利益和社会公共利益，维护公民、法人和其他组织的合法权益，保障国家法律的统一正确实施。

第三条 人民检察院通过抗诉、检察建议等方式，对民事诉讼活动实行法律监督。

第四条 人民检察院办理民事诉讼监督案件，应当以事实为根据，以法律为准绳，坚持公开、公平、公正和诚实信用原则，尊重和保障当事人的诉讼权利，监督和支持人民法院依法行使审判权和执行权。

第五条 民事诉讼监督案件的受理、办理、管理工作分别由控告检察部门、民事检察部门、案件管理部门负责，各部门互相配合，互相制约。

第六条 人民检察院办理民事诉讼监督案件，实行检察官办案责任制。

第七条 最高人民检察院领导地方各级人民检察院和专门人民检察院的民事诉讼监督工作，上级人民检察院领导下级人民检察院的民事诉讼监督工作。

上级人民检察院对下级人民检察院作出的决定，有权予以撤销或者变更，发现下级人民检察院工作中有错误的，有权指令下级人民检察院纠正。上级人民检察院的决定，下级人民检察院应当执行。下级人民检察院对上级人民检察院的决定有不同意见的，可以在执行的同时向上级人民检察院报告。

第八条 人民检察院检察长在同级人民法院审判委员会讨论民事抗诉案件或者其他与民事诉讼监督工作有关的议题时，可以依照有关规定列席会议。

第九条 人民检察院办理民事诉讼监督案件，实行回避制度。

第十条 检察人员办理民事诉讼监督案件，应当依法秉公办案，自觉接受监督。

检察人员不得接受当事人及其诉讼代理人请客送礼，不得违反规定会见当事人及其诉讼代理人。

检察人员有收受贿赂、徇私枉法等行为的，应当追究法律责任。

第二章 管 辖

第十一条 对已经发生法律效力的民事判决、裁定、调解书的监督案件，最高人民检察院、作出该生效法律文书的人民法院所在地同级人民检察院和上级人民检察院均有管辖权。

第十二条 对民事审判程序中审判人员违法行为的监督案件，由审理案件的人民法院所在地同级人民检察院管辖。

第十三条 对民事执行活动的监督案件，由执行法院所在地同级人民检察院管辖。

第十四条 人民检察院发现受理的民事诉讼监督案件不属于本院管辖的，应当移送有管辖权的人民检察院，受移送的人民检察院应当受理。受移送的人民检察院认为不属于本院管辖的，应当报请上级人民检察院指定管辖，不得再自行移送。

第十五条 有管辖权的人民检察院由于特殊原因，不能行使管辖权的，由上级人民检察院指定管辖。

人民检察院之间因管辖权发生争议，由争议双方协商解决；协商不能解决的，报请其共同上级人民检察院指定管辖。

第十六条 上级人民检察院认为确有必要的，可以办理下级人民检察院管辖的民事诉讼监督案件。

下级人民检察院对有管辖权的民事诉讼监督案件，认为需要由上级人民检察院办理的，可以报请上级人民检察院办理。

第十七条 军事检察院等专门人民检察院对民事诉讼监督案件的管辖，依照有关规定执行。

第三章 回 避

第十八条 检察人员有《中华人民共和国民事诉讼法》第四十四条规定

情形之一的，应当自行回避，当事人有权申请他们回避。

前款规定，适用于书记员、翻译人员、鉴定人、勘验人等。

第十九条 检察人员自行回避的，可以口头或者书面方式提出，并说明理由。口头提出申请的，应当记录在卷。

第二十条 当事人申请回避，应当在人民检察院作出提出抗诉或者检察建议等决定前以口头或者书面方式提出，并说明理由。口头提出申请的，应当记录在卷。根据《中华人民共和国民事诉讼法》第四十四条第二款规定提出回避申请的，应当提供相关证据。

被申请回避的人员在人民检察院作出是否回避的决定前，应当暂停参与本案工作，但案件需要采取紧急措施的除外。

第二十一条 检察长的回避，由检察委员会讨论决定；检察人员和其他人员的回避，由检察长决定。检察委员会讨论检察长回避问题时，由副检察长主持，检察长不得参加。

第二十二条 人民检察院对当事人提出的回避申请，应当在三日内作出决定，并通知申请人。申请人对决定不服的，可以在接到决定时向原决定机关申请复议一次。人民检察院应当在三日内作出复议决定，并通知复议申请人。复议期间，被申请回避的人员不停止参与本案工作。

第四章 受 理

第二十三条 民事诉讼监督案件的来源包括：

（一）当事人向人民检察院申请监督；

（二）当事人以外的公民、法人和其他组织向人民检察院控告、举报；

（三）人民检察院依职权发现。

第二十四条 有下列情形之一的，当事人可以向人民检察院申请监督：

（一）已经发生法律效力的民事判决、裁定、调解书符合《中华人民共和国民事诉讼法》第二百零九条第一款规定的；

（二）认为民事审判程序中审判人员存在违法行为的；

（三）认为民事执行活动存在违法情形的。

第二十五条 当事人向人民检察院申请监督，应当提交监督申请书、身份证明、相关法律文书及证据材料。提交证据材料的，应当附证据清单。

申请监督材料不齐备的，人民检察院应当要求申请人限期补齐，并明确告知应补齐的全部材料。申请人逾期未补齐的，视为撤回监督申请。

第二十六条 本规则第二十五条规定的监督申请书应当记明下列事项：

（一）申请人的姓名、性别、年龄、民族、职业、工作单位、住所、有效联系方式，法人或者其他组织的名称、住所和法定代表人或者主要负责人的姓名、职务、有效联系方式；

（二）其他当事人的姓名、性别、工作单位、住所、有效联系方式等信息，法人或者其他组织的名称、住所、负责人、有效联系方式等信息；

（三）申请监督请求和所依据的事实与理由。

申请人应当按照其他当事人的人数提交监督申请书副本。

第二十七条 本规则第二十五条规定的身份证明包括：

（一）自然人的居民身份证、军官证、士兵证、护照等能够证明本人身份的有效证件；

（二）法人或者其他组织的营业执照副本、组织机构代码证书和法定代表人或者主要负责人的身份证明等有效证照。

对当事人提交的身份证明，人民检察院经核对无误留存复印件。

第二十八条 本规则第二十五条规定的相关法律文书是指人民法院在该案件诉讼过程中作出的全部判决书、裁定书、决定书、调解书等法律文书。

第二十九条 当事人申请监督，可以依照《中华人民共和国民事诉讼法》的规定委托代理人。

第三十条 当事人申请监督符合下列条件的，人民检察院应当受理：

（一）符合本规则第二十四条的规定；

（二）申请人提供的材料符合本规则第二十五条至第二十八条的规定；

（三）本院具有管辖权；

（四）不具有本规则规定的不予受理情形。

第三十一条 当事人根据《中华人民共和国民事诉讼法》第二百零九条第一款的规定向人民检察院申请监督，有下列情形之一的，人民检察院不予受理：

（一）当事人未向人民法院申请再审或者申请再审超过法律规定的期限的；

（二）人民法院正在对民事再审申请进行审查的，但超过三个月未对再审申请作出裁定的除外；

（三）人民法院已经裁定再审且尚未审结的；

（四）判决、调解解除婚姻关系的，但对财产分割部分不服的除外；

（五）人民检察院已经审查终结作出决定的；

（六）民事判决、裁定、调解书是人民法院根据人民检察院的抗诉或者再审检察建议再审后作出的；

（七）其他不应受理的情形。

第三十二条 对人民法院作出的一审民事判决、裁定，当事人依法可以上诉但未提出上诉，而依照《中华人民共和国民事诉讼法》第二百零九条第一款第一项、第二项的规定向人民检察院申请监督的，人民检察院不予受理，但有下列情形之一的除外：

（一）据以作出原判决、裁定的法律文书被撤销或者变更的；

（二）审判人员有贪污受贿、徇私舞弊、枉法裁判等严重违法行为的；

（三）人民法院送达法律文书违反法律规定，影响当事人行使上诉权的；

（四）当事人因自然灾害等不可抗力无法行使上诉权的；

（五）当事人因人身自由被剥夺、限制，或者因严重疾病等客观原因不能行使上诉权的；

（六）有证据证明他人以暴力、胁迫、欺诈等方式阻止当事人行使上诉权的；

（七）因其他不可归责于当事人的原因没有提出上诉的。

第三十三条 当事人认为民事审判程序中审判人员存在违法行为或者民事执行活动存在违法情形，向人民检察院申请监督，有下列情形之一的，人民检察院不予受理：

（一）法律规定可以提出异议、申请复议或者提起诉讼，当事人没有提出异议、申请复议或者提起诉讼的，但有正当理由的除外；

（二）当事人提出异议或者申请复议后，人民法院已经受理并正在审查处理的，但超过法定期间未作出处理的除外；

（三）其他不应受理的情形。

第三十四条 当事人根据《中华人民共和国民事诉讼法》第二百零九条第一款的规定向人民检察院申请检察建议或者抗诉，由作出生效民事判决、裁定、调解书的人民法院所在地同级人民检察院控告检察部门受理。

当事人认为民事审判程序中审判人员存在违法行为或者民事执行活动存在违法情形，向人民检察院申请监督的，由审理、执行案件的人民法院所在地同级人民检察院控告检察部门受理。

第三十五条 人民法院裁定驳回再审申请或者逾期未对再审申请作出裁定，当事人向人民检察院申请监督的，由作出原生效民事判决、裁定、调解书的人民法院所在地同级人民检察院控告检察部门受理。

第三十六条 人民检察院控告检察部门对监督申请，应当根据以下情形作出处理：

（一）符合受理条件的，应当依照本规则规定作出受理决定；

（二）属于人民检察院受理案件范围但不属于本院管辖的，应当告知申请人向有管辖权的人民检察院申请监督；

（三）不属于人民检察院受理案件范围的，应当告知申请人向有关机关反映；

（四）不符合受理条件，且申请人不撤回监督申请的，可以决定不予受理。

应当由下级人民检察院受理的，上级人民检察院应当在七日内将监督申请书及相关材料移交下级人民检察院。

第三十七条 控告检察部门应当在决定受理之日起三日内制作《受理通知书》，发送申请人，并告知其权利义务。

需要通知其他当事人的，应当将《受理通知书》和监督申请书副本发送其他当事人，并告知其权利义务。其他当事人可以在收到监督申请书副本之日起十五日内提出书面意见，不提出意见的不影响人民检察院对案件的审查。

第三十八条 控告检察部门应当在决定受理之日起三日内将案件材料移送本院民事检察部门，同时将《受理通知书》抄送本院案件管理部门。

第三十九条 当事人以外的公民、法人和其他组织认为人民法院民事审判程序中审判人员存在违法行为或者民事执行活动存在违法情形的，可以向同级人民检察院控告、举报。控告、举报由人民检察院控告检察部门受理。

控告检察部门对收到的控告、举报，应当依据《人民检察院信访工作规定》、《人民检察院举报工作规定》等办理。

第四十条 控告检察部门可以依据《人民检察院信访工作规定》，向下级人民检察院交办涉及民事诉讼监督的信访案件。

第四十一条 具有下列情形之一的民事案件，人民检察院应当依职权进行监督：

（一）损害国家利益或者社会公共利益的；

（二）审判、执行人员有贪污受贿、徇私舞弊、枉法裁判等行为的；

（三）依照有关规定需要人民检察院跟进监督的。

第四十二条 下级人民检察院提请抗诉、提请其他监督等案件，由上一级人民检察院案件管理部门受理。

依职权发现的民事诉讼监督案件，民事检察部门应当到案件管理部门登记受理。

第四十三条 案件管理部门接收案件材料后，应当在三日内登记并将案件材料和案件登记表移送民事检察部门；案件材料不符合规定的，应当要求补齐。

案件管理部门登记受理后，需要通知当事人的，民事检察部门应当制作《受理通知书》，并在三日内发送当事人。

第五章 审 查

第一节 一般规定

第四十四条 民事检察部门负责对受理后的民事诉讼监督案件进行审查。

第四十五条 上级人民检察院可以将受理的民事诉讼监督案件交由有管辖权的下级人民检察院办理。交办的案件应当制作《交办通知书》，并将有关材料移送下级人民检察院。下级人民检察院应当依法办理，不得将案件再行交办，作出决定前应当报上级人民检察院审核同意。

交办案件需要通知当事人的，应当制作《通知书》，并发送当事人。

第四十六条 上级人民检察院可以将案件转有管辖权的下级人民检察院办理。转办案件应当制作《转办通知书》，并将有关材料移送下级人民检察院。

转办案件需要通知当事人的，应当制作《通知书》，并发送当事人。

第四十七条 人民检察院审查民事诉讼监督案件，应当围绕申请人的申请监督请求以及发现的其他情形，对人民法院民事诉讼活动是否合法进行审查。其他当事人也申请监督的，应当将其列为申请人，对其申请监督请求一并审查。

第四十八条 申请人或者其他当事人对提出的主张，应当提供证据材料。人民检察院收到当事人提交的证据材料，应当出具收据。

第四十九条 人民检察院应当告知当事人有申请回避的权利，并告知办理案件的检察人员、书记员等的姓名、法律职务。

第五十条 人民检察院审查案件，应当听取当事人意见，必要时可以听证或者调查核实有关情况。

第五十一条 人民检察院审查案件，可以依照有关规定调阅人民法院的诉讼卷宗。

通过拷贝电子卷、查阅、复制、摘录等方式能够满足办案需要的，可以不调阅诉讼卷宗。

第五十二条 承办人审查终结后，应当制作审查终结报告。审查终结报告应当全面、客观、公正地叙述案件事实，依据法律提出处理建议。

承办人通过审查监督申请书等材料即可以认定案件事实的，可以直接制作审查终结报告，提出处理建议。

第五十三条 案件应当经集体讨论，参加集体讨论的人员应当对案件事实、适用法律、处理建议等发表明确意见并说明理由。集体讨论意见应当在全面、客观地归纳讨论意见的基础上形成。

集体讨论形成的处理意见，由民事检察部门负责人提出审核意见后报检察长批准。

检察长认为必要的，可以提请检察委员会讨论决定。

第五十四条 人民检察院对审查终结的案件，应当区分情况作出下列决定：

（一）提出再审检察建议；

（二）提请抗诉；

（三）提出抗诉；

（四）提出检察建议；

（五）终结审查；

（六）不支持监督申请。

控告检察部门受理的案件，民事检察部门应当将案件办理结果书面告知控告检察部门。

第五十五条 人民检察院在办理民事诉讼监督案件过程中，当事人有和解意愿的，可以建议当事人自行和解。

第五十六条 人民检察院受理当事人申请对人民法院已经发生法律效力的民事判决、裁定、调解书监督的案件，应当在三个月内审查终结并作出决定。

对民事审判程序中审判人员违法行为监督案件和对民事执行活动监督案件的审查期限，依照前款规定执行。

第二节 听 证

第五十七条 人民检察院审查民事诉讼监督案件，认为确有必要的，可以组织有关当事人听证。

根据案件具体情况，可以邀请与案件没有利害关系的人大代表、政协委员、人民监督员、特约检察员、专家咨询委员、人民调解员或者当事人所在单位、居住地的居民委员会委员以及专家、学者等其他社会人士参加听证。

第五十八条 人民检察院组织听证，由承办该案件的检察人员主持，书记员负责记录。

听证应当在人民检察院专门听证场所内进行。

第五十九条 人民检察院组织听证，应当在听证三日前通知参加听证的当事人，并告知听证的时间、地点。

第六十条 参加听证的当事人和其他相关人员应当按时参加听证，当事人无正当理由缺席或者未经许可中途退席的，不影响听证程序的进行。

第六十一条 听证应当围绕民事诉讼监督案件中的事实认定和法律适用等问题进行。

对当事人提交的证据材料和人民检察院调查取得的证据，应当充分听取各方当事人的意见。

第六十二条 听证应当按照下列顺序进行：

（一）申请人陈述申请监督请求、事实和理由；

（二）其他当事人发表意见；

（三）申请人和其他当事人提交新证据的，应当出示并予以说明；

（四）出示人民检察院调查取得的证据；

（五）案件各方当事人陈述对听证中所出示证据的意见；

（六）申请人和其他当事人发表最后意见。

第六十三条 听证应当制作笔录，经当事人校阅后，由当事人签名或者盖章。拒绝签名盖章的，应当记明情况。

第六十四条 参加听证的人员应当服从听证主持人指挥。

对违反听证秩序的，人民检察院可以予以训诫，责令退出听证场所；对哄闹、冲击听证场所，侮辱、诽谤、威胁、殴打检察人员等严重扰乱听证秩序的，依法追究责任。

第三节　调查核实

第六十五条 人民检察院因履行法律监督职责提出检察建议或者抗诉的需要，有下列情形之一的，可以向当事人或者案外人调查核实有关情况：

（一）民事判决、裁定、调解书可能存在法律规定需要监督的情形，仅通过阅卷及审查现有材料难以认定的；

（二）民事审判程序中审判人员可能存在违法行为的；

（三）民事执行活动可能存在违法情形的；

（四）其他需要调查核实的情形。

第六十六条 人民检察院可以采取以下调查核实措施：

（一）查询、调取、复制相关证据材料；

（二）询问当事人或者案外人；

（三）咨询专业人员、相关部门或者行业协会等对专门问题的意见；

（四）委托鉴定、评估、审计；

（五）勘验物证、现场；

（六）查明案件事实所需要采取的其他措施。

人民检察院调查核实，不得采取限制人身自由和查封、扣押、冻结财产等强制性措施。

第六十七条 人民检察院可以就专门性问题书面或者口头咨询有关专业人员、相关部门或者行业协会的意见。口头咨询的，应当制作笔录，由接受咨询的专业人员签名或者盖章。拒绝签名盖章的，应当记明情况。

第六十八条 人民检察院对专门性问题认为需要鉴定、评估、审计的，可以委托具备资格的机构进行鉴定、评估、审计。

在诉讼过程中已经进行过鉴定、评估、审计的，一般不再委托鉴定、评估、审计。

第六十九条 人民检察院认为确有必要的，可以勘验物证或者现场。勘验人应当出示人民检察院的证件，并邀请当地基层组织或者当事人所在单位派人参加。当事人或者当事人的成年家属应当到场，拒不到场的，不影响勘验的进行。

勘验人应当将勘验情况和结果制作笔录，由勘验人、当事人和被邀参加人签名或者盖章。

第七十条 需要调查核实的，由承办人提出，部门负责人或者检察长批准。

第七十一条 人民检察院调查核实，应当由二人以上共同进行。

调查笔录经被调查人校阅后，由调查人、被调查人签名或者盖章。被调查人拒绝签名盖章的，应当记明情况。

第七十二条 人民检察院可以指令下级人民检察院或者委托外地人民检察院调查核实。

人民检察院指令调查或者委托调查的，应当发送《指令调查通知书》或者《委托调查函》，载明调查核实事项、证据线索及要求。受指令或者受委托人民检察院收到《指令调查通知书》或者《委托调查函》后，应当在十五日内完成调查核实工作并书面回复。因客观原因不能完成调查的，应当在上述期限内书面回复指令或者委托的人民检察院。

人民检察院到外地调查的，当地人民检察院应当配合。

第七十三条 人民检察院调查核实，有关单位和个人应当配合。拒绝或者妨碍人民检察院调查核实的，人民检察院可以向有关单位或者其上级主管部门提出检察建议，责令纠正；涉嫌犯罪的，依照规定移送有关机关处理。

第四节 中止审查和终结审查

第七十四条 有下列情形之一的，人民检察院可以中止审查:?

（一）申请监督的自然人死亡，需要等待继承人表明是否继续申请监督的；

（二）申请监督的法人或者其他组织终止，尚未确定权利义务承受人的；

（三）本案必须以另一案的处理结果为依据，而另一案尚未审结的；

（四）其他可以中止审查的情形。

中止审查的，应当制作《中止审查决定书》，并发送当事人。中止审查的原因消除后，应当恢复审查。

第七十五条 有下列情形之一的，人民检察院应当终结审查：

（一）人民法院已经裁定再审或者已经纠正违法行为的；

（二）申请人撤回监督申请或者当事人达成和解协议，且不损害国家利益、社会公共利益或者他人合法权益的；

（三）申请监督的自然人死亡，没有继承人或者继承人放弃申请，且没有发现其他应当监督的违法情形的；

（四）申请监督的法人或者其他组织终止，没有权利义务承受人或者权利义务承受人放弃申请，且没有发现其他应当监督的违法情形的；

（五）发现已经受理的案件不符合受理条件的；

（六）人民检察院依职权发现的案件，经审查不需要采取监督措施的；

（七）其他应当终结审查的情形。

终结审查的，应当制作《终结审查决定书》，需要通知当事人的，发送当事人。

第六章　对生效判决、裁定、调解书的监督

第一节　一般规定

第七十六条　人民检察院发现人民法院已经发生法律效力的民事判决、裁定有《中华人民共和国民事诉讼法》第二百条规定情形之一的，依法向人民法院提出再审检察建议或者抗诉。

第七十七条　人民检察院发现民事调解书损害国家利益、社会公共利益的，依法向人民法院提出再审检察建议或者抗诉。

第七十八条　下列证据，应当认定为《中华人民共和国民事诉讼法》第二百条第一项规定的“新的证据”：

（一）原审庭审结束前已客观存在但庭审结束后新发现的证据；

（二）原审庭审结束前已经发现，但因客观原因无法取得或者在规定的期限内不能提供的证据；

（三）原审庭审结束后原作出鉴定意见、勘验笔录者重新鉴定、勘验，推翻原意见的证据；

（四）当事人在原审中提供的，原审未予质证、认证，但足以推翻原判决、裁定的主要证据。

第七十九条　有下列情形之一的，应当认定为《中华人民共和国民事诉讼法》第二百条第二项规定的“认定的基本事实缺乏证据证明”：

（一）认定的基本事实没有证据支持，或者认定的基本事实所依据的证据虚假、缺乏证明力的；

（二）认定的基本事实所依据的证据不合法的；

（三）对基本事实的认定违反逻辑推理或者日常生活法则的；

（四）认定的基本事实缺乏证据证明的其他情形。

第八十条　有下列情形之一的，应当认定为《中华人民共和国民事诉讼法》第二百条第六项规定的“适用法律确有错误”：

（一）适用的法律与案件性质明显不符的；

（二）认定法律关系主体、性质或者法律行为效力错误的；

（三）确定民事责任明显违背当事人有效约定或者法律规定的；

（四）适用的法律已经失效或者尚未施行的；

（五）违反法律溯及力规定的；

（六）违反法律适用规则的；

（七）适用法律明显违背立法本意的；

（八）适用诉讼时效规定错误的；

（九）适用法律错误的其他情形。

第八十一条 有下列情形之一的，应当认定为《中华人民共和国民事诉讼法》第二百条第七项规定的“审判组织的组成不合法”：

（一）应当组成合议庭审理的案件独任审判的；

（二）人民陪审员参与第二审案件审理的；

（三）再审、发回重审的案件没有另行组成合议庭的；

（四）审理案件的人员不具有审判资格的；

（五）审判组织或者人员不合法的其他情形。

第八十二条 有下列情形之一的，应当认定为《中华人民共和国民事诉讼法》第二百条第九项规定的“违反法律规定，剥夺当事人辩论权利”：

（一）不允许或者严重限制当事人行使辩论权利的；

（二）应当开庭审理而未开庭审理的；

（三）违反法律规定送达起诉状副本或者上诉状副本，致使当事人无法行使辩论权利的；

（四）违法剥夺当事人辩论权利的其他情形。

第二节　再审检察建议和提请抗诉

第八十三条 地方各级人民检察院发现同级人民法院已经发生法律效力的民事判决、裁定有下列情形之一的，可以向同级人民法院提出再审检察建议：

（一）有新的证据，足以推翻原判决、裁定的；

（二）原判决、裁定认定的基本事实缺乏证据证明的；

（三）原判决、裁定认定事实的主要证据是伪造的；

（四）原判决、裁定认定事实的主要证据未经质证的；

（五）对审理案件需要的主要证据，当事人因客观原因不能自行收集，书面申请人民法院调查收集，人民法院未调查收集的；

（六）审判组织的组成不合法或者依法应当回避的审判人员没有回避的；

（七）无诉讼行为能力人未经法定代理人代为诉讼或者应当参加诉讼的当事人，因不能归责于本人或者其诉讼代理人的事由，未参加诉讼的；

（八）违反法律规定，剥夺当事人辩论权利的；

（九）未经传票传唤，缺席判决的；

（十）原判决、裁定遗漏或者超出诉讼请求的；

（十一）据以作出原判决、裁定的法律文书被撤销或者变更的。

第八十四条 符合本规则第八十三条规定的案件有下列情形之一的，地方各级人民检察院应当提请上一级人民检察院抗诉：

（一）判决、裁定是经同级人民法院再审后作出的；

（二）判决、裁定是经同级人民法院审判委员会讨论作出的；

（三）其他不适宜由同级人民法院再审纠正的。

第八十五条 地方各级人民检察院发现同级人民法院已经发生法律效力的民事判决、裁定具有下列情形之一的，应当提请上一级人民检察院抗诉：

（一）原判决、裁定适用法律确有错误的；

（二）审判人员在审理该案件时有贪污受贿、徇私舞弊、枉法裁判行为的。

第八十六条 地方各级人民检察院发现民事调解书损害国家利益、社会公共利益的，可以向同级人民法院提出再审检察建议，也可以提请上一级人民检察院抗诉。

第八十七条 对人民法院已经采纳再审检察建议进行再审的案件，提出再审检察建议的人民检察院一般不得再向上级人民检察院提请抗诉。

第八十八条 人民检察院提出再审检察建议，应当制作《再审检察建议书》，在决定提出再审检察建议之日起十五日内将《再审检察建议书》连同案件卷宗移送同级人民法院，并制作决定提出再审检察建议的《通知书》，发送当事人。

人民检察院提出再审检察建议，应当经本院检察委员会决定，并将《再审检察建议书》报上一级人民检察院备案。

第八十九条 人民检察院提请抗诉，应当制作《提请抗诉报告书》，在决定提请抗诉之日起十五日内将《提请抗诉报告书》连同案件卷宗报送上一级人民检察院，并制作决定提请抗诉的《通知书》，发送当事人。

第九十条 人民检察院认为当事人的监督申请不符合提出再审检察建议或者提请抗诉条件的，应当作出不支持监督申请的决定，并在决定之日起十五日内制作《不支持监督申请决定书》，发送当事人。

第三节 抗诉

第九十一条 最高人民检察院对各级人民法院已经发生法律效力的民事判决、裁定、调解书，上级人民检察院对下级人民法院已经发生法律效力的民事判决、裁定、调解书，发现有《中华人民共和国民事诉讼法》第二百条、第二百零八条规定情形的，应当向同级人民法院提出抗诉。

第九十二条 人民检察院提出抗诉，应当制作《抗诉书》，在决定抗诉之日起十五日内将《抗诉书》连同案件卷宗移送同级人民法院，并制作决定抗诉的《通知书》，发送当事人。

第九十三条 人民检察院认为当事人的监督申请不符合抗诉条件的，应当作出不支持监督申请的决定，并在决定之日起十五日内制作《不支持监督申请决定书》，发送当事人。下级人民检察院提请抗诉的案件，上级人民检察院可以委托提请抗诉的人民检察院将《不支持监督申请决定书》发送当事人。

第四节 出庭

第九十四条 人民检察院提出抗诉的案件，人民法院再审时，人民检察院应当派员出席法庭。

第九十五条 受理抗诉的人民法院将抗诉案件交下级人民法院再审的，提出抗诉的人民检察院可以指令再审人民法院的同级人民检察院派员出庭。

第九十六条 检察人员出席再审法庭的任务是：

（一）宣读抗诉书；

（二）对依职权调查的证据予以出示和说明。

检察人员发现庭审活动违法的，应当待休庭或者庭审结束之后，以人民检察院的名义提出检察建议。

第七章　对审判程序中审判人员违法行为的监督

第九十七条　《中华人民共和国民事诉讼法》第二百零八条第三款规定的审判程序包括：

（一）第一审普通程序；

（二）简易程序；

（三）第二审程序；

（四）特别程序；

（五）审判监督程序；

（六）督促程序；

（七）公示催告程序；

（八）海事诉讼特别程序；

（九）破产程序。

第九十八条　《中华人民共和国民事诉讼法》第二百零八条第三款的规定适用于法官、人民陪审员、书记员。

第九十九条　人民检察院发现同级人民法院民事审判程序中有下列情形之一的，应当向同级人民法院提出检察建议：

（一）判决、裁定确有错误，但不适用再审程序纠正的；

（二）调解违反自愿原则或者调解协议的内容违反法律的；

（三）符合法律规定的起诉和受理条件，应当立案而不立案的；

（四）审理案件适用审判程序错误的；

（五）保全和先予执行违反法律规定的；

（六）支付令违反法律规定的；

（七）诉讼中止或者诉讼终结违反法律规定的；

（八）违反法定审理期限的；

（九）对当事人采取罚款、拘留等妨害民事诉讼的强制措施违反法律规定的；

（十）违反法律规定送达的；

（十一）审判人员接受当事人及其委托代理人请客送礼或者违反规定会见当事人及其委托代理人的；

（十二）审判人员实施或者指使、支持、授意他人实施妨害民事诉讼行为，尚未构成犯罪的；

（十三）其他违反法律规定的情形。

第一百条 人民检察院依照本规则第九十九条提出检察建议的，应当制作《检察建议书》，在决定提出检察建议之日起十五日内将《检察建议书》连同案件卷宗移送同级人民法院，并制作决定提出检察建议的《通知书》，发送申请人。

第一百零一条 人民检察院认为当事人申请监督的审判程序中审判人员违法行为不存在或者不构成的，应当作出不支持监督申请的决定，并在决定之日起十五日内制作《不支持监督申请决定书》，发送申请人。

第八章 对执行活动的监督

第一百零二条 人民检察院对人民法院在民事执行活动中违反法律规定的情形实行法律监督。

第一百零三条 人民检察院对民事执行活动提出检察建议的，应当经检察委员会决定，制作《检察建议书》，在决定之日起十五日内将《检察建议书》连同案件卷宗移送同级人民法院，并制作决定提出检察建议的《通知书》，发送当事人。

第一百零四条 人民检察院认为当事人申请监督的人民法院执行活动不存在违法情形的，应当作出不支持监督申请的决定，并在决定之日起十五日内制作《不支持监督申请决定书》，发送申请人。

第九章 案件管理

第一百零五条 人民检察院案件管理部门对民事诉讼监督案件实行流程监控、案后评查、统计分析、信息查询、综合考评等，对办案期限、办案程序、办案质量等进行管理、监督、预警。

第一百零六条 民事检察部门在办理案件过程中有下列情形之一的，应当在作出决定之日起三日内到本院案件管理部门登记：

（一）决定中止和恢复审查的；

（二）决定终结审查的。

第一百零七条 案件管理部门发现本院办案部门或者办案人员在办理民事诉讼监督案件中有下列情形之一的，应当及时提出纠正意见：

（一）法律文书使用不当或存在明显错漏的；

（二）无正当理由超过法定的办案期限未办结案件的；

（三）侵害当事人、诉讼代理人诉讼权利的；

（四）未依法对民事审判活动以及执行活动中的违法行为履行法律监督职责的；

（五）其他违反规定办理案件的情形。

具有前款规定的情形但情节轻微的，可以向办案部门或者办案人员进行口头提示；情节较重的，应当向办案部门发送《案件流程监控通知书》，提示办案部门及时查明情况并予以纠正；情节严重的，应当向办案部门发送《案件流程监控通知书》，并向检察长报告。

办案部门收到《案件流程监控通知书》后，应当在五日内将核查情况书面回复案件管理部门。

第一百零八条 案件管理部门对以本院名义制发的民事诉讼监督法律文书实施监督管理。

第一百零九条 人民检察院办理的民事诉讼监督案件，办结后需要向其他单位移送案卷材料的，统一由案件管理部门审核移送材料是否规范、齐备。案件管理部门认为材料规范、齐备，符合移送条件的，应当立即由有关部门按照相关规定移送；认为材料不符合要求的，应当及时通知办案部门补送、更正。

第一百一十条 人民法院向人民检察院送达的民事判决书、裁定书或者调解书等法律文书，由案件管理部门负责接收，并即时登记移送民事检察部门。

第一百一十一条 人民检察院在办理民事诉讼监督案件过程中，当事人及其诉讼代理人提出有关申请、要求或者提交有关书面材料的，由案件管理部门负责接收，需要出具相关手续的，案件管理部门应当出具。案件管理部门接收材料后应当及时移送民事检察部门。

第十章　其他规定

第一百一十二条　有下列情形之一的，人民检察院可以提出改进工作的检察建议：

（一）人民法院对民事诉讼中同类问题适用法律不一致的；

（二）人民法院在多起案件中适用法律存在同类错误的；

（三）人民法院在多起案件中有相同违法行为的；

（四）有关单位的工作制度、管理方法、工作程序违法或者不当，需要改正、改进的。

第一百一十三条　民事检察部门在履行职责过程中，发现涉嫌犯罪的行为，应当及时将犯罪线索及相关材料移送本院相关职能部门。

人民检察院相关职能部门在办案工作中，发现人民法院审判人员、执行人员有贪污受贿、徇私舞弊、枉法裁判等违法行为，可能导致原判决、裁定错误的，应当及时向民事检察部门通报。

第一百一十四条　人民检察院向人民法院或者有关机关提出监督意见后，发现监督意见确有错误或者有其他情形确需撤回的，应当经检察长批准或者检察委员会决定予以撤回。

上级人民检察院发现下级人民检察院监督错误或者不当的，应当指令下级人民检察院撤回，下级人民检察院应当执行。

第一百一十五条　人民法院对人民检察院监督行为提出建议的，人民检察院应当在一个月内将处理结果书面回复人民法院。人民法院对回复意见有异议，并通过上一级人民法院向上一级人民检察院提出的，上一级人民检察院认为人民法院建议正确，应当要求下级人民检察院及时纠正。

第一百一十六条　人民法院对民事诉讼监督案件作出再审判决、裁定或者其他处理决定后，提出监督意见的人民检察院应当对处理结果进行审查，并填写《民事诉讼监督案件处理结果审查登记表》。

第一百一十七条　有下列情形之一的，人民检察院应当按照有关规定跟进监督或者提请上级人民检察院监督：

（一）人民法院审理民事抗诉案件作出的判决、裁定、调解书仍符合抗诉条件的；

（二）人民法院对人民检察院提出的检察建议未在规定的期限内作出处理并书面回复的；

（三）人民法院对检察建议的处理结果错误的。

第一百一十八条 地方各级人民检察院对适用法律确属疑难、复杂，本院难以决断的重大民事诉讼监督案件，可以向上一级人民检察院请示。

请示案件依照最高人民检察院关于办理下级人民检察院请示件、下级人民检察院向最高人民检察院报送公文的相关规定办理。

第一百一十九条 制作民事诉讼监督法律文书，应当符合规定的格式。

民事诉讼监督法律文书的格式另行制定。

第一百二十条 人民检察院可以参照《中华人民共和国民事诉讼法》有关规定发送法律文书。

第一百二十一条 人民检察院发现制作的法律文书存在笔误的，应当作出《补正决定书》予以补正。

第一百二十二条 人民检察院办理民事诉讼监督案件，应当按照规定建立民事诉讼监督案卷。

第一百二十三条 人民检察院办理民事诉讼监督案件，不收取案件受理费。申请复印、鉴定、审计、勘验等产生的费用由申请人直接支付给有关机构或者单位，人民检察院不得代收代付。

第十一章　附　则

第一百二十四条 本规则自发布之日起施行。本院之前公布的其他规定与本规则内容不一致的，以本规则为准。

[部门规章、部门规章性文件与解读]

国家卫生和计划生育委员会
关于印发《医疗机构病历管理规定（2013年版）》的通知

2013年11月20日　　国卫医发〔2013〕31号

各省、自治区、直辖市卫生厅局（卫生计生委）、中医药管理局，新疆生产建设兵团卫生局：

为进一步强化医疗机构病历管理，维护医患双方的合法权益，使病历管理满足现代化医院管理的需要，国家卫生计生委和国家中医药管理局组织专家对2002年下发的《医疗机构病历管理规定》进行了修订，形成了《医疗机构病历管理规定（2013年版）》（可以从国家卫生计生委网站下载）。现印发给你们，请遵照执行。

附：

国家卫生计生委　国家中医药管理局

医疗机构病历管理规定（2013年版）

第一章　总　则

第一条　为加强医疗机构病历管理，保障医疗质量与安全，维护医患双方的合法权益，制定本规定。

第二条　病历是指医务人员在医疗活动过程中形成的文字、符号、图表、影像、切片等资料的总和，包括门（急）诊病历和住院病历。病历归档以后形成病案。

第三条　本规定适用于各级各类医疗机构对病历的管理。

第四条　按照病历记录形式不同，可区分为纸质病历和电子病历。电子病历与纸质病历具有同等效力。

第五条　医疗机构应当建立健全病历管理制度，设置病案管理部门或者配备专（兼）职人员，负责病历和病案管理工作。

医疗机构应当建立病历质量定期检查、评估与反馈制度。医疗机构医务部门负责病历的质量管理。

第六条　医疗机构及其医务人员应当严格保护患者隐私，禁止以非医疗、教学、研究目的泄露患者的病历资料。

第二章　病历的建立

第七条　医疗机构应当建立门（急）诊病历和住院病历编号制度，为同一患者建立唯一的标识号码。已建立电子病历的医疗机构，应当将病历标识号码与患者身份证明编号相关联，使用标识号码和身份证明编号均能对病历进行检索。

门（急）诊病历和住院病历应当标注页码或者电子页码。

第八条 医务人员应当按照《病历书写基本规范》、《中医病历书写基本规范》、《电子病历基本规范（试行）》和《中医电子病历基本规范（试行）》要求书写病历。

第九条 住院病历应当按照以下顺序排序：体温单、医嘱单、入院记录、病程记录、术前讨论记录、手术同意书、麻醉同意书、麻醉术前访视记录、手术安全核查记录、手术清点记录、麻醉记录、手术记录、麻醉术后访视记录、术后病程记录、病重（病危）患者护理记录、出院记录、死亡记录、输血治疗知情同意书、特殊检查（特殊治疗）同意书、会诊记录、病危（重）通知书、病理资料、辅助检查报告单、医学影像检查资料。

病案应当按照以下顺序装订保存：住院病案首页、入院记录、病程记录、术前讨论记录、手术同意书、麻醉同意书、麻醉术前访视记录、手术安全核查记录、手术清点记录、麻醉记录、手术记录、麻醉术后访视记录、术后病程记录、出院记录、死亡记录、死亡病例讨论记录、输血治疗知情同意书、特殊检查（特殊治疗）同意书、会诊记录、病危（重）通知书、病理资料、辅助检查报告单、医学影像检查资料、体温单、医嘱单、病重（病危）患者护理记录。

第三章　病历的保管

第十条 门（急）诊病历原则上由患者负责保管。医疗机构建有门（急）诊病历档案室或者已建立门（急）诊电子病历的，经患者或者其法定代理人同意，其门（急）诊病历可以由医疗机构负责保管。

住院病历由医疗机构负责保管。

第十一条 门（急）诊病历由患者保管的，医疗机构应当将检查检验结果及时交由患者保管。

第十二条 门（急）诊病历由医疗机构保管的，医疗机构应当在收到检查检验结果后24小时内，将检查检验结果归入或者录入门（急）诊病历，并在每次诊疗活动结束后首个工作日内将门（急）诊病历归档。

第十三条 患者住院期间，住院病历由所在病区统一保管。因医疗活动或者工作需要，须将住院病历带离病区时，应当由病区指定的专门人员负责携带和保管。

医疗机构应当在收到住院患者检查检验结果和相关资料后24小时内归入或者录入住院病历。

患者出院后，住院病历由病案管理部门或者专（兼）职人员统一保存、管理。

第十四条 医疗机构应当严格病历管理，任何人不得随意涂改病历，严禁伪造、隐匿、销毁、抢夺、窃取病历。

第四章 病历的借阅与复制

第十五条 除为患者提供诊疗服务的医务人员，以及经卫生计生行政部门、中医药管理部门或者医疗机构授权的负责病案管理、医疗管理的部门或者人员外，其他任何机构和个人不得擅自查阅患者病历。

第十六条 其他医疗机构及医务人员因科研、教学需要查阅、借阅病历的，应当向患者就诊医疗机构提出申请，经同意并办理相应手续后方可查阅、借阅。查阅后应当立即归还，借阅病历应当在3个工作日内归还。查阅的病历资料不得带离患者就诊医疗机构。

第十七条 医疗机构应当受理下列人员和机构复制或者查阅病历资料的申请，并依规定提供病历复制或者查阅服务：

（一）患者本人或者其委托代理人；

（二）死亡患者法定继承人或者其代理人。

第十八条 医疗机构应当指定部门或者专（兼）职人员负责受理复制病历资料的申请。受理申请时，应当要求申请人提供有关证明材料，并对申请材料的形式进行审核。

（一）申请人为患者本人的，应当提供其有效身份证明；

（二）申请人为患者代理人的，应当提供患者及其代理人的有效身份证明，以及代理人与患者代理关系的法定证明材料和授权委托书；

（三）申请人为死亡患者法定继承人的，应当提供患者死亡证明、死亡患者法定继承人的有效身份证明，死亡患者与法定继承人关系的法定证明材料；

（四）申请人为死亡患者法定继承人代理人的，应当提供患者死亡证明、死亡患者法定继承人及其代理人的有效身份证明，死亡患者与法定继承人关系的法定证明材料，代理人与法定继承人代理关系的法定证明材料及授权委托书。

第十九条 医疗机构可以为申请人复制门（急）诊病历和住院病历中的体温单、医嘱单、住院志（入院记录）、手术同意书、麻醉同意书、麻醉记录、手术记录、病重（病危）患者护理记录、出院记录、输血治疗知情同意书、特殊检查（特殊治疗）同意书、病理报告、检验报告等辅助检查报告单、医学影像检查资料等病历资料。

第二十条 公安、司法、人力资源社会保障、保险以及负责医疗事故技术鉴定的部门，因办理案件、依法实施专业技术鉴定、医疗保险审核或仲裁、商业保险审核等需要，提出审核、查阅或者复制病历资料要求的，经办人员提供以下证明材料后，医疗机构可以根据需要提供患者部分或全部病历：

（一）该行政机关、司法机关、保险或者负责医疗事故技术鉴定部门出具的调取病历的法定证明；

（二）经办人本人有效身份证明；

（三）经办人本人有效工作证明（需与该行政机关、司法机关、保险或者负责医疗事故技术鉴定部门一致）。

保险机构因商业保险审核等需要，提出审核、查阅或者复制病历资料要求的，还应当提供保险合同复印件、患者本人或者其代理人同意的法定证明材料；患者死亡的，应当提供保险合同复印件、死亡患者法定继承人或者其代理人同意的法定证明材料。合同或者法律另有规定的除外。

第二十一条 按照《病历书写基本规范》和《中医病历书写基本规范》要求，病历尚未完成，申请人要求复制病历时，可以对已完成病历先行复制，在医务人员按照规定完成病历后，再对新完成部分进行复制。

第二十二条 医疗机构受理复制病历资料申请后，由指定部门或者专（兼）职人员通知病案管理部门或专（兼）职人员，在规定时间内将需要复制的病历资料送至指定地点，并在申请人在场的情况下复制；复制的病历资料经申请人和医疗机构双方确认无误后，加盖医疗机构证明印记。

第二十三条 医疗机构复制病历资料，可以按照规定收取工本费。

第五章 病历的封存与启封

第二十四条 依法需要封存病历时，应当在医疗机构或者其委托代理人、患者或者其代理人在场的情况下，对病历共同进行确认，签封病历复制件。

医疗机构申请封存病历时，医疗机构应当告知患者或者其代理人共同实施病历封存；但患者或者其代理人拒绝或者放弃实施病历封存的，医疗机构可以在公证机构公证的情况下，对病历进行确认，由公证机构签封病历复制件。

第二十五条 医疗机构负责封存病历复制件的保管。

第二十六条 封存后病历的原件可以继续记录和使用。

按照《病历书写基本规范》和《中医病历书写基本规范》要求，病历尚未完成，需要封存病历时，可以对已完成病历先行封存，当医师按照规定完成病历后，再对新完成部分进行封存。

第二十七条 开启封存病历应当在签封各方在场的情况下实施。

第六章 病历的保存

第二十八条 医疗机构可以采用符合档案管理要求的缩微技术等对纸质病历进行处理后保存。

第二十九条 门（急）诊病历由医疗机构保管的，保存时间自患者最后一次就诊之日起不少于15年；住院病历保存时间自患者最后一次住院出院之日起不少于30年。

第三十条 医疗机构变更名称时，所保管的病历应当由变更后医疗机构继续保管。

医疗机构撤销后，所保管的病历可以由省级卫生计生行政部门、中医药管理部门或者省级卫生计生行政部门、中医药管理部门指定的机构按照规定妥善保管。

第七章　附　则

第三十一条　本规定由国家卫生计生委负责解释。

第三十二条　本规定自2014年1月1日起施行。原卫生部和国家中医药管理局于2002年公布的《医疗机构病历管理规定》（卫医发〔2002〕193号）同时废止。

解读《医疗机构病历管理规定（2013年版）》

国家卫生和计划生育委员会

一、修订背景

为了加强医疗机构病历管理，保证病历资料客观、真实、完整，根据《医疗机构管理条例》和《医疗事故处理条例》等法规，原卫生部于2002年组织制定发布了《医疗机构病历管理规定》（以下简称《规定》），对规范医疗机构的病历管理，保障医患双方合法权益起到了重要作用。随着我国社会经济的发展以及医药卫生体制改革的深化，医疗机构病历管理面临一些新情况、新问题。为进一步加强医疗机构管理，使病历管理满足现代化医疗管理需要，医政医管局组织专家对2002年下发的《医疗机构病历管理规定》进行了修订，并征求了国家中医药管理局、委内有关司局，以及31个省（区、市）卫生厅局（卫生计生委）医政处的意见，汇总修改意见后形成2013版《医疗机构病历管理规定》。

二、修订原则

修订对2002版的主要内容进行了保留和完善，同时在新版的规定中体现了医药卫生体制改革有关精神，体现了新形势下病历管理工作的新要求，并与近年出台的相关法律法规等做好衔接。

三、主要修改内容

（一）文件整体系统性、条理性加强

2002年发布的《医疗机构病历管理规定》共23条，未划分章。2013版规定分成7章，共32条，从总则、病历的建立、保管、借阅与复制、封存与启封、保存和附则等七个方面作了更为系统、清晰的规定。

（二）内容更加翔实、具体、完善

修订后的《规定》完善了以下内容：增加了《规定》的适用范围，明确了医疗机构内管理病历质量的部门，增加了病历书写、排序及病案装订等有关要求，明确了化验结果归入或录入门（急）诊病历的要求，规定了借阅病历的具体要求，增加了封存病历和启封的相关规定，明确了医疗机构变更名称或撤销后的保存要求，增加了住院病历的保存时间，修订了门（急）诊病历的归档时间。

（三）增加电子病历管理相关内容，体现新形势下病历管理工作特点

为贯彻落实《中共中央国务院关于深化医药卫生体制改革的意见》《国务院关于印发医药卫生体制改革近期重点实施方案（2009～2011年）的通知》和《国务院办公厅关于印发医药卫生体制五项重点改革2010年度主要工作安排的通知》等文件精神，原卫生部先后在2010、2011年发布了关于电子病历系统的规范和通知文件，电子病历在医疗机构中普遍应用。因此，2013版《规定》明确“电子病历与纸质病历具有同等效力”，并规定了相关管理要求。

（四）与相关法律法规、规范做好衔接

近年新出台的《侵权责任法》和《病历书写基本规范》《中医病历书写基本规范》《电子病历基本规范（试行）》和《中医电子病历基本规范》等法律法规、规范对病历的建立、修改、保存、封存等提出新的要求。本次修订注重与相关法律法规、规范的衔接，体现新要求。

为维护患者知情同意权，2013版《规定》中病历内容增加了输血治疗知情同意书、特殊检查（特殊治疗）同意书等，同时医疗机构可以为申请人复制的病历内容也增加了输血治疗知情同意书、特殊检查（特殊治疗）同意书等。

（五）符合临床工作实际，更加注重医患双方权益维护

2002版规定封存的病历可以是复印件，而在实际工作中往往封存病

历原件。2013版明确规定签封病历的复制件，并规定未完成的病历在封存后，病历原件可以继续记录和使用，既保证病历资料封存，又维护正常的诊疗秩序。

国家质量监督检验检疫总局

有机产品认证管理办法

（2013年4月23日国家质量监督检验检疫总局局务会议审议通过
2013年11月15日国家质量监督检验检疫总局令
第155号公布　自2014年4月1日起施行）

第一章　总　则

第一条　为了维护消费者、生产者和销售者合法权益，进一步提高有机产品质量，加强有机产品认证管理，促进生态环境保护和可持续发展，根据《中华人民共和国产品质量法》、《中华人民共和国进出口商品检验法》、《中华人民共和国认证认可条例》等法律、行政法规的规定，制定本办法。

第二条　在中华人民共和国境内从事有机产品认证以及获证有机产品生产、加工、进口和销售活动，应当遵守本办法。

第三条　本办法所称有机产品，是指生产、加工和销售符合中国有机产品国家标准的供人类消费、动物食用的产品。

本办法所称有机产品认证，是指认证机构依照本办法的规定，按照有机产品认证规则，对相关产品的生产、加工和销售活动符合中国有机产品国家标准进行的合格评定活动。

第四条 国家认证认可监督管理委员会（以下简称国家认监委）负责全国有机产品认证的统一管理、监督和综合协调工作。

地方各级质量技术监督部门和各地出入境检验检疫机构（以下统称地方认证监管部门）按照职责分工，依法负责所辖区域内有机产品认证活动的监督检查和行政执法工作。

第五条 国家推行统一的有机产品认证制度，实行统一的认证目录、统一的标准和认证实施规则、统一的认证标志。

国家认监委负责制定和调整有机产品认证目录、认证实施规则，并对外公布。

第六条 国家认监委按照平等互利的原则组织开展有机产品认证国际合作。

开展有机产品认证国际互认活动，应当在国家对外签署的国际合作协议内进行。

第二章 认证实施

第七条 有机产品认证机构（以下简称认证机构）应当经国家认监委批准，并依法取得法人资格后，方可从事有机产品认证活动。

认证机构实施认证活动的能力应当符合有关产品认证机构国家标准的要求。

从事有机产品认证检查活动的检查员，应当经国家认证人员注册机构注册后，方可从事有机产品认证检查活动。

第八条 有机产品生产者、加工者（以下统称认证委托人），可以自愿委托认证机构进行有机产品认证，并提交有机产品认证实施规则中规定的申请材料。

认证机构不得受理不符合国家规定的有机产品生产产地环境要求，以及有机产品认证目录外产品的认证委托人的认证委托。

第九条 认证机构应当自收到认证委托人申请材料之日起10日内，完成材料审核，并作出是否受理的决定。对于不予受理的，应当书面通知认证委托人，并说明理由。

认证机构应当在对认证委托人实施现场检查前5日内，将认证委托人、认证检查方案等基本信息报送至国家认监委确定的信息系统。

第十条 认证机构受理认证委托后，认证机构应当按照有机产品认证实施规则的规定，由认证检查员对有机产品生产、加工场所进行现场检查，并应当委托具有法定资质的检验检测机构对申请认证的产品进行检验检测。

按照有机产品认证实施规则的规定，需要进行产地（基地）环境监（检）测的，由具有法定资质的监（检）测机构出具监（检）测报告，或者采信认证委托人提供的其他合法有效的环境监（检）测结论。

第十一条 符合有机产品认证要求的，认证机构应当及时向认证委托人出具有机产品认证证书，允许其使用中国有机产品认证标志；对不符合认证要求的，应当书面通知认证委托人，并说明理由。

认证机构及认证人员应当对其作出的认证结论负责。

第十二条 认证机构应当保证认证过程的完整、客观、真实，并对认证过程作出完整记录，归档留存，保证认证过程和结果具有可追溯性。

产品检验检测和环境监（检）测机构应当确保检验检测、监测结论的真实、准确，并对检验检测、监测过程做出完整记录，归档留存。产品检验检测、环境监测机构及其相关人员应当对其作出的检验检测、监测报告的内容和结论负责。

本条规定的记录保存期为5年。

第十三条 认证机构应当按照认证实施规则的规定，对获证产品及其生产、加工过程实施有效跟踪检查，以保证认证结论能够持续符合认证要求。

第十四条 认证机构应当及时向认证委托人出具有机产品销售证，以保证获证产品的认证委托人所销售的有机产品类别、范围和数量与认证证书中的记载一致。

第十五条 有机配料含量（指重量或者液体体积，不包括水和盐，下同）等于或者高于95%的加工产品，应当在获得有机产品认证后，方可在产品或者产品包装及标签上标注“有机”字样，加施有机产品认证标志。

第十六条 认证机构不得对有机配料含量低于95%的加工产品进行有机认证。

第三章　有机产品进口

第十七条　向中国出口有机产品的国家或者地区的有机产品主管机构，可以向国家认监委提出有机产品认证体系等效性评估申请，国家认监委受理其申请，并组织有关专家对提交的申请进行评估。

评估可以采取文件审查、现场检查等方式进行。

第十八条　向中国出口有机产品的国家或者地区的有机产品认证体系与中国有机产品认证体系等效的，国家认监委可以与其主管部门签署相关备忘录。

该国家或者地区出口至中国的有机产品，依照相关备忘录的规定实施管理。

第十九条　未与国家认监委就有机产品认证体系等效性方面签署相关备忘录的国家或者地区的进口产品，拟作为有机产品向中国出口时，应当符合中国有机产品相关法律法规和中国有机产品国家标准的要求。

第二十条　需要获得中国有机产品认证的进口产品生产商、销售商、进口商或者代理商（以下统称进口有机产品认证委托人），应当向经国家认监委批准的认证机构提出认证委托。

第二十一条　进口有机产品认证委托人应当按照有机产品认证实施规则的规定，向认证机构提交相关申请资料和文件，其中申请书、调查表、加工工艺流程、产品配方和生产、加工过程中使用的投入品等认证申请材料、文件，应当同时提交中文版本。申请材料不符合要求的，认证机构应当不予受理其认证委托。

认证机构从事进口有机产品认证活动应当符合本办法和有机产品认证实施规则的规定，认证检查记录和检查报告等应当有中文版本。

第二十二条　进口有机产品申报入境检验检疫时，应当提交其所获中国有机产品认证证书复印件、有机产品销售证复印件、认证标志和产品标识等文件。

第二十三条　各地出入境检验检疫机构应当对申报的进口有机产品实施入境验证，查验认证证书复印件、有机产品销售证复印件、认证标志和产品标识等文件，核对货证是否相符。不相符的，不得作为有机产品入境。

必要时，出入境检验检疫机构可以对申报的进口有机产品实施监督抽样检验，验证其产品质量是否符合中国有机产品国家标准的要求。

第二十四条 自对进口有机产品认证委托人出具有机产品认证证书起30日内，认证机构应当向国家认监委提交以下书面材料：

（一）获证产品类别、范围和数量；

（二）进口有机产品认证委托人的名称、地址和联系方式；

（三）获证产品生产商、进口商的名称、地址和联系方式；

（四）认证证书和检查报告复印件（中外文版本）；

（五）国家认监委规定的其他材料。

第四章 认证证书和认证标志

第二十五条 国家认监委负责制定有机产品认证证书的基本格式、编号规则和认证标志的式样、编号规则。

第二十六条 认证证书有效期为1年。

第二十七条 认证证书应当包括以下内容：

（一）认证委托人的名称、地址；

（二）获证产品的生产者、加工者以及产地（基地）的名称、地址；

（三）获证产品的数量、产地（基地）面积和产品种类；

（四）认证类别；

（五）依据的国家标准或者技术规范；

（六）认证机构名称及其负责人签字、发证日期、有效期。

第二十八条 获证产品在认证证书有效期内，有下列情形之一的，认证委托人应当在15日内向认证机构申请变更。认证机构应当自收到认证证书变更申请之日起30日内，对认证证书进行变更：

（一）认证委托人或者有机产品生产、加工单位名称或者法人性质发生变更的；

（二）产品种类和数量减少的；

（三）其他需要变更认证证书的情形。

第二十九条　有下列情形之一的，认证机构应当在30日内注销认证证书，并对外公布：

（一）认证证书有效期届满，未申请延续使用的；

（二）获证产品不再生产的；

（三）获证产品的认证委托人申请注销的；

（四）其他需要注销认证证书的情形。

第三十条　有下列情形之一的，认证机构应当在15日内暂停认证证书，认证证书暂停期为1至3个月，并对外公布：

（一）未按照规定使用认证证书或者认证标志的；

（二）获证产品的生产、加工、销售等活动或者管理体系不符合认证要求，且经认证机构评估在暂停期限内能够能采取有效纠正或者纠正措施的；

（三）其他需要暂停认证证书的情形。

第三十一条　有下列情形之一的，认证机构应当在7日内撤销认证证书，并对外公布：

（一）获证产品质量不符合国家相关法规、标准强制要求或者被检出有机产品国家标准禁用物质的；

（二）获证产品生产、加工活动中使用了有机产品国家标准禁用物质或者受到禁用物质污染的；

（三）获证产品的认证委托人虚报、瞒报获证所需信息的；

（四）获证产品的认证委托人超范围使用认证标志的；

（五）获证产品的产地（基地）环境质量不符合认证要求的；

（六）获证产品的生产、加工、销售等活动或者管理体系不符合认证要求，且在认证证书暂停期间，未采取有效纠正或者纠正措施的；

（七）获证产品在认证证书标明的生产、加工场所外进行了再次加工、分装、分割的；

（八）获证产品的认证委托人对相关方重大投诉且确有问题未能采取有效处理措施的；

（九）获证产品的认证委托人从事有机产品认证活动因违反国家农产品、食品安全管理相关法律法规，受到相关行政处罚的；

（十）获证产品的认证委托人拒不接受认证监管部门或者认证机构对其实施监督的；

（十一）其他需要撤销认证证书的情形。

第三十二条 有机产品认证标志为中国有机产品认证标志。

中国有机产品认证标志标有中文“中国有机产品”字样和英文“ORGANIC”字样。图案如下：

第三十三条 中国有机产品认证标志应当在认证证书限定的产品类别、范围和数量内使用。

认证机构应当按照国家认监委统一的编号规则，对每枚认证标志进行唯一编号（以下简称有机码），并采取有效防伪、追溯技术，确保发放的每枚认证标志能够溯源到其对应的认证证书和获证产品及其生产、加工单位。

第三十四条 获证产品的认证委托人应当在获证产品或者产品的最小销售包装上，加施中国有机产品认证标志、有机码和认证机构名称。

获证产品标签、说明书及广告宣传等材料上可以印制中国有机产品认证标志，并可以按照比例放大或者缩小，但不得变形、变色。

第三十五条 有下列情形之一的，任何单位和个人不得在产品、产品最小销售包装及其标签上标注含有“有机”、“ORGANIC”等字样且可能误导公众认为该产品为有机产品的文字表述和图案：

（一）未获得有机产品认证的；

（二）获证产品在认证证书标明的生产、加工场所外进行了再次加工、分装、分割的。

第三十六条 认证证书暂停期间，获证产品的认证委托人应当暂停使用认证证书和认证标志；认证证书注销、撤销后，认证委托人应当向认证机构交回认证证书和未使用的认证标志。

第五章 监督管理

第三十七条 国家认监委对有机产品认证活动组织实施监督检查和不定期的专项监督检查。

第三十八条 地方认证监管部门应当按照各自职责，依法对所辖区域的有机产品认证活动进行监督检查，查处获证有机产品生产、加工、销售活动中的违法行为。

各地出入境检验检疫机构负责对外资认证机构、进口有机产品认证和销售，以及出口有机产品认证、生产、加工、销售活动进行监督检查。

地方各级质量技术监督部门负责对中资认证机构、在境内生产加工且在境内销售的有机产品认证、生产、加工、销售活动进行监督检查。

第三十九条 地方认证监管部门的监督检查的方式包括：

（一）对有机产品认证活动是否符合本办法和有机产品认证实施规则规定的监督检查；

（二）对获证产品的监督抽查；

（三）对获证产品认证、生产、加工、进口、销售单位的监督检查；

（四）对有机产品认证证书、认证标志的监督检查；

（五）对有机产品认证咨询活动是否符合相关规定的监督检查；

（六）对有机产品认证和认证咨询活动举报的调查处理；

（七）对违法行为的依法查处。

第四十条 国家认监委通过信息系统，定期公布有机产品认证动态信息。

认证机构在出具认证证书之前，应当按要求及时向信息系统报送有机产品认证相关信息，并获取认证证书编号。

认证机构在发放认证标志之前，应当将认证标志、有机码的相关信息上传到信息系统。

地方认证监管部门通过信息系统，根据认证机构报送和上传的认证相关信息，对所辖区域内开展的有机产品认证活动进行监督检查。

第四十一条 获证产品的认证委托人以及有机产品销售单位和个人，在产品生产、加工、包装、贮藏、运输和销售等过程中，应当建立完善的产品质量安全追溯体系和生产、加工、销售记录档案制度。

第四十二条 有机产品销售单位和个人在采购、贮藏、运输、销售有机产品的活动中，应当符合有机产品国家标准的规定，保证销售的有机产品类别、范围和数量与销售证中的产品类别、范围和数量一致，并能够提供与正本内容一致的认证证书和有机产品销售证的复印件，以备相关行政监管部门或者消费者查询。

第四十三条 认证监管部门可以根据国家有关部门发布的动植物疫情、环境污染风险预警等信息，以及监督检查、消费者投诉举报、媒体反映等情况，及时发布关于有机产品认证区域、获证产品及其认证委托人、认证机构的认证风险预警信息，并采取相关应对措施。

第四十四条 获证产品的认证委托人提供虚假信息、违规使用禁用物质、超范围使用有机认证标志，或者出现产品质量安全重大事故的，认证机构5年内不得受理该企业及其生产基地、加工场所的有机产品认证委托。

第四十五条 认证委托人对认证机构的认证结论或者处理决定有异议的，可以向认证机构提出申诉，对认证机构的处理结论仍有异议的，可以向国家认监委申诉。

第四十六条 任何单位和个人对有机产品认证活动中的违法行为，可以向国家认监委或者地方认证监管部门举报。国家认监委、地方认证监管部门应当及时调查处理，并为举报人保密。

第六章 罚 则

第四十七条 伪造、冒用、非法买卖认证标志的，地方认证监管部门依照《中华人民共和国产品质量法》、《中华人民共和国进出口商品检验法》及其实施条例等法律、行政法规的规定处罚。

第四十八条 伪造、变造、冒用、非法买卖、转让、涂改认证证书的，地方认证监管部门责令改正，处3万元罚款。

违反本办法第四十条第二款的规定，认证机构在其出具的认证证书上自行编制认证证书编号的，视为伪造认证证书。

第四十九条 违反本办法第八条第二款的规定，认证机构向不符合国家规定的有机产品生产产地环境要求区域或者有机产品认证目录外产品的认证委托人出具认证证书的，责令改正，处3万元罚款；有违法所得的，没收违法所得。

第五十条 违反本办法第三十五条的规定，在产品或者产品包装及标签上标注含有“有机”、“ORGANIC”等字样且可能误导公众认为该产品为有机产品的文字表述和图案的，地方认证监管部门责令改正，处3万元以下罚款。

第五十一条 认证机构有下列情形之一的，国家认监委应当责令改正，予以警告，并对外公布：

（一）未依照本办法第四十条第二款的规定，将有机产品认证标志、有机码上传到国家认监委确定的信息系统的；

（二）未依照本办法第九条第二款的规定，向国家认监委确定的信息系统报送相关认证信息或者其所报送信息失实的；

（三）未依照本办法第二十四条的规定，向国家认监委提交相关材料备案的。

第五十二条 违反本办法第十四条的规定，认证机构发放的有机产品销售证数量，超过获证产品的认证委托人所生产、加工的有机产品实际数量的，责令改正，处1万元以上3万元以下罚款。

第五十三条 违反本办法第十六条的规定，认证机构对有机配料含量低于95%的加工产品进行有机认证的，地方认证监管部门责令改正，处3万元以下罚款。

第五十四条 认证机构违反本办法第三十条、第三十一条的规定，未及时暂停或者撤销认证证书并对外公布的，依照《中华人民共和国认证认可条例》第六十条的规定处罚。

第五十五条 认证委托人有下列情形之一的，由地方认证监管部门责令改正，处1万元以上3万元以下罚款：

（一）未获得有机产品认证的加工产品，违反本办法第十五条的规定，进行有机产品认证标识标注的；

（二）未依照本办法第三十三条第一款、第三十四条的规定使用认证标志的；

（三）在认证证书暂停期间或者被注销、撤销后，仍继续使用认证证书和认证标志的。

第五十六条 认证机构、获证产品的认证委托人拒绝接受国家认监委或者地方认证监管部门监督检查的，责令限期改正；逾期未改正的，处3万元以下罚款。

第五十七条 进口有机产品入境检验检疫时，不如实提供进口有机产品的真实情况，取得出入境检验检疫机构的有关证单，或者对法定检验的有机产品不予报检，逃避检验的，由出入境检验检疫机构依照《中华人民共和国进出口商检检验法实施条例》第四十六条的规定处罚。

第五十八条 有机产品认证活动中的其他违法行为，依照有关法律、行政法规、部门规章的规定处罚。

第七章 附 则

第五十九条 有机产品认证收费应当依照国家有关价格法律、行政法规的规定执行。

第六十条 出口的有机产品，应当符合进口国家或者地区的要求。

第六十一条 本办法所称有机配料，是指在制造或者加工有机产品时使用并存在（包括改性的形式存在）于产品中的任何物质，包括添加剂。

第六十二条 本办法由国家质量监督检验检疫总局负责解释。

第六十三条 本办法自2014年4月1日起施行。国家质检总局2004年11月5日公布的《有机产品认证管理办法》（国家质检总局第67号令）同时废止。

[地方性法规、地方政府规章与解读]

湖北省集体合同条例

（2002 年 3 月 28 日湖北省第九届人民代表大会常务委员会第三十二次会议通过　2013 年 11 月 29 日湖北省第十二届人民代表大会常务委员会第六次会议修订）

目　录

第一章　总　则

第一条　为了完善集体合同制度，规范集体协商行为，维护职工与用人单位的合法权益，构建和发展和谐稳定的劳动关系，根据《中华人民共和国劳动法》、《中华人民共和国劳动合同法》、《中华人民共和国工会法》等法律、行政法规，结合本省实际，制定本条例。

第二条 本省行政区域内的企业、民办非企业单位（以下统称用人单位）与职工一方就劳动关系有关事项进行集体协商和订立、履行、变更、解除或者终止集体合同，适用本条例。

第三条 本条例所称集体合同，是指用人单位与职工一方根据法律、法规、规章的规定，就劳动报酬、工作时间、休息休假、劳动安全卫生、职业培训、保险福利等事项，通过集体协商签订的书面协议。

本条例所称专项集体合同，是指用人单位与职工一方根据法律、法规、规章的规定，就集体协商的某项内容签订的专项书面协议。

本条例所称集体协商，是指用人单位与职工一方就签订、履行集体合同进行平等协商的行为。

第四条 用人单位应当建立健全集体协商和集体合同制度。

用人单位与职工一方进行集体协商和签订集体合同，应当遵循合法、平等、诚信、兼顾双方合法利益的原则。

第五条 集体合同中约定的劳动报酬和劳动条件等标准不得低于当地人民政府规定的最低标准。

用人单位与职工个人订立的劳动合同中约定的劳动报酬和劳动条件等标准不得低于集体合同中约定的标准。

第六条 依法签订的集体合同和专项集体合同对用人单位和全体职工具有约束力。区域性、行业性集体合同对本区域、当地本行业的用人单位和全体职工具有约束力。

第七条 各级人民政府应当把建立集体协商机制纳入经济社会发展规划，建立健全协调劳动关系三方机制和集体合同履约监督机制，及时研究解决集体协商集体合同工作中的重大问题，加强工资指导线、人力资源市场工资指导价位以及劳动信息指导服务，健全完善劳动权益保障制度，推进集体合同制度的实施。

县级以上人民政府人力资源和社会保障行政部门负责本行政区域内集体合同制度实施情况的监督管理。

县级以上人民政府的其它相关职能部门在各自职责范围内，对用人单位集体合同制度实行情况进行监督。

第八条 地方各级总工会、产业工会应当依法指导、监督基层工会开展集体协商和签订、履行集体合同。

企业联合会、企业家协会、行业协会、商会等用人单位代表组织，依法指导、督促相关用人单位与职工一方签订、履行集体合同。

第九条 小微企业、劳动密集型企业或者同行业中小企业比较集中的乡镇、街道、社区和工业园区以及行业特点明显的区域，区域内的工会组织或者行业工会组织应当与用人单位代表加强协调配合，积极推进区域性、行业性集体协商，签订区域性或者行业性集体合同。

第二章 集体协商内容

第十条 集体协商双方就下列多项或者某项内容进行平等协商，签订集体合同或者专项集体合同：

（一）劳动报酬；

（二）工作时间和休息休假；

（三）社会保险、补充保险、住房公积金和福利；

（四）劳动安全卫生；

（五）女职工、未成年工特殊劳动保护以及残疾职工的保护、劳务派遣人员权益保护；

（六）职业技能培训和职工文化生活；

（七）劳动合同管理；

（八）劳动纪律和职工奖惩、考核制度；

（九）裁减人员的条件、程序和补偿标准；

（十）集体合同期限；

（十一）变更、解除与终止集体合同的条件和程序；

（十二）集体合同争议的处理；

（十三）违反集体合同的责任；

（十四）双方需要协商的其他事项。

集体合同内容与专项集体合同内容不一致的，以专项集体合同内容为准。

第十一条 集体协商双方可以就下列事项进行平等协商，签订工资专项集体合同：

（一）劳动定额与工时工价标准；

（二）工资标准、工资分配形式、最低工资和工资支付办法；

（三）年度工资总额和职工年度平均工资水平及其调整幅度；

（四）加班、加点工资及津贴、补贴标准和奖金分配办法；

（五）工资调整办法；

（六）试用期、病假、事假、休假等期间的工资待遇；

（七）特殊情况下职工工资（生活费）支付办法；

（八）双方需要协商的其他事项。

第十二条 集体协商双方可以就下列事项进行平等协商，签订劳动安全卫生专项集体合同：

（一）劳动安全卫生责任制；

（二）劳动安全条件、安全技术措施和事故应急措施；

（三）安全操作规程；

（四）劳保用品发放标准；

（五）定期健康检查和职业健康体检；

（六）职业病危害防护措施和保障；

（七）劳动安全卫生教育培训；

（八）安全生产和职业病防治经费；

（九）双方需要协商的其他事项。

第十三条 集体协商双方可以就下列事项进行平等协商，签订女职工权益保护专项集体合同：

（一）女职工禁忌从事的劳动；

（二）女职工的教育和培训；

（三）女职工的经期、孕期、产期、哺乳期的劳动保护和待遇；

（四）女职工定期健康检查和妇科病普查；

（五）女职工计划生育方面的待遇；

（六）双方需要协商的其他事项。

第十四条 签订区域性集体合同的集体协商双方，可以就下列事项进行平等协商：

（一）本区域的最低工资标准；

（二）本区域工资调整幅度；

（三）本区域劳动安全卫生标准；

（四）本区域的女职工劳动保护待遇；

（五）需要协商的其他事项。

第十五条 签订行业性集体合同的集体协商双方，可以就下列事项进行平等协商：

（一）本行业的最低工资标准；

（二）本行业工资调整幅度；

（三）本行业同类工种的定额标准；

（四）本行业各工种、岗位的劳动安全卫生标准；

（五）本行业的女职工劳动保护待遇；

（六）本行业各工种、岗位的职工培训制度；

（七）需要协商的其他事项。

第三章 集体协商代表

第十六条 本条例所称集体协商代表（以下统称协商代表），是指按照本条例规定的程序产生，有权代表本方利益进行集体协商的人员。

集体协商双方的代表人数应当对等，每方不少于三人，并各自确定一名首席代表。职工二百人以上的用人单位以及区域性、行业性集体协商的协商代表人数每方不少于五人。

职工一方协商代表中应当有相应比例的生产一线岗位职工代表；女性、残疾人职工较多的用人单位，职工一方的协商代表中应当有相应比例的代表。

使用被派遣劳动者较多的用工单位，应当有被派遣劳动者代表参加集体协商会议，听取其意见建议，保障被派遣劳动者合法权益。

第十七条 职工一方的协商代表由本单位工会选派，首席代表由本单位工会负责人担任或者从协商代表中民主推举产生；尚未建立工会的，职工一方的协商代表可以在上一级工会指导下由职工民主推举产生，首席代表从协商代表中民主推举产生。职工一方的协商代表应当经本单位半数以上职工或者职工代表同意。

用人单位一方的协商代表由本单位法定代表人指派，首席代表由单位法定代表人担任或由其书面委托其他管理人员担任。

集体协商双方首席代表可以书面委托本单位以外的专业人员作为本方协商代表，委托人数不得超过本方协商代表的三分之一。

第十八条 区域性、行业性集体协商，职工一方的协商代表由区域内工会或者行业工会选派，首席代表由工会负责人担任或者从协商代表中民主推举产生。

用人单位一方的协商代表由企业联合会、企业家协会、商会或者行业协会等用人单位代表组织选派，也可以由本区域、本行业内用人单位通过民主推举或者授权委托等方式产生；首席代表由用人单位一方的协商代表民主推举产生。

第十九条 集体协商双方应当自同意进行集体协商之日起十五日内产生协商代表。双方协商代表一经产生，应当向全体职工公告。

协商代表履行职责的期限由被代表方确定。协商代表的罢免、更换，按照协商代表产生的程序进行，并书面告知对方。

第二十条 用人单位和职工一方产生协商代表时，可以各自确定候补协商代表一至两名，候补协商代表的产生程序、任期与协商代表相同。协商代表出缺的，由候补协商代表递补。

第二十一条 集体协商双方的协商代表不得互相兼任。用人单位行政负责人、控股股东、合伙人及其近亲属、人力资源部门负责人不得担任职工一方的协商代表；专职或者兼职工会工作人员不得担任用人单位一方的协商代表。

第二十二条 协商代表应当履行下列职责：

（一）收集和提供与集体协商有关的真实情况和资料，参加集体协商；

（二）征求本方人员意见，及时向本方人员公布协商情况，回答本方人员询问；

（三）代表本方参加集体协商争议的处理；

（四）监督集体合同的履行；

（五）遵守集体协商双方约定的纪律，保守协商过程中知悉的商业秘密；

（六）法律、法规规定的其他职责。

第二十三条 协商代表履职期间，用人单位应当保证协商代表履行职责必要的工作时间，其工资和待遇不受影响；无正当理由不得调整其工作岗位、免除其职务、降低其职级。

协商代表履职期间劳动合同期满的，劳动合同期限自动延长至完成履行协商代表职责之时，除有法律法规规定的情形外，用人单位不得与其解除劳动合同。用人单位依法裁减人员时，应当优先留用。

第四章 集体协商程序

第二十四条 集体协商的任何一方均有权以书面形式向另一方提出集体协商要求，另一方应当自收到书面要求之日起二十日内以书面形式予以答复，无正当理由不得拒绝或者拖延。

第二十五条 职工一方要求集体协商的，由工会代表职工一方向用人单位提出集体协商要求；工会提出集体协商要求确有困难的，可以委托其上一级工会向用人单位提出集体协商要求。用人单位要求集体协商的，向本单位工会提出集体协商要求。

尚未建立工会的用人单位，职工一方要求集体协商的，由上一级工会指导职工推举代表，向用人单位提出集体协商要求。用人单位要求集体协商的，可以向本单位职工直接提出，也可以向地方总工会或者产业工会提出。

第二十六条 区域内工会或者行业工会代表职工一方，企业联合会、企业家协会、商会或者行业协会等组织代表用人单位一方，任何一方均可以向另一方提出区域性或者行业性集体协商的要求。

尚未建立行业工会的，可以由行业所在区域内工会向用人单位代表组织提出集体协商的要求。

第二十七条 集体协商主要采用协商会议的形式进行。协商会议召集人由双方首席代表轮流担任。

集体协商双方应当在举行协商会议的五日前，将拟定的协商事项和参加协商的代表名单通知对方，并按照对方要求提供与集体协商有关的真实情况和资料。

集体协商会议由双方共同确定一名非协商代表担任协商会议记录员，做好会议记录。双方首席代表应当对会议记录确认并签字。

第二十八条 集体协商双方意见达成一致的，应当形成集体合同草案；意见未达成一致的，经双方同意，可以中止协商，并应当商定下次协商的时间、地点等事项。协商中止期限累计不得超过三十日。

第五章 集体合同的订立、履行、变更、解除与终止

第二十九条 集体合同草案可以由集体协商一方起草或者双方共同起草，也可以由双方共同委托的第三方起草。

经集体协商达成一致的集体合同草案，应当在十五日内提交职工代表大会或者职工大会讨论，并经职工代表大会全体代表或者全体职工半数以上通过；区域性、行业性集体合同草案应当经区域性、行业性职工代表大会全体代表半数以上通过。未获通过的，应当在三十日内，由双方重新协商修改，再次提交职工代表大会或者职工大会讨论通过。

集体合同草案通过后，由双方首席代表签字。

第三十条 集体合同签订后，应当自双方首席代表签字之日起十日内，由用人单位一方将集体合同文本及相关材料报送有管辖权的人力资源和社会保障行政部门审查、备案。

集体合同审查的具体管辖范围由省级人力资源和社会保障行政部门另行规定。

第三十一条 人力资源和社会保障行政部门应当对集体协商的主体资格和程序、集体合同的内容等进行合法性审查。人力资源和社会保障行政部门应当自收到集体合同文本之日起十五日内，将书面审查意见送达签订集体合同双方。未提出书面异议的，集体合同即行生效。提出书面异议的，签订集体合同双方应当对提出异议的条款进行修订，重新报送审查。

签订集体合同一方或者双方不同意人力资源和社会保障行政部门提出的书面异议的，可以书面要求重新审查。人力资源和社会保障行政部门按前款规定重新审查时，应当征求同级地方总工会和用人单位代表组织的意见。

第三十二条 用人单位应当自集体合同生效之日起五日内以适当形式向全体职工公布。职工一方应当将生效的集体合同文本报上一级工会备案。

第三十三条 集体合同期限一般为一至三年。集体合同期满或者双方约定的终止条件出现，集体合同即行终止。

集体合同期限届满前九十日内，任何一方均可以向另一方书面提出续订或者重新签订的协商要求。

第三十四条 集体合同有效期内，用人单位变更名称、法定代表人、主要负责人或者投资人等事项，不影响集体合同的履行。

第三十五条 集体合同有效期内，有下列情形之一的，签订集体合同双方均可以要求变更或者解除集体合同：

（一）订立集体合同所依据的法律、法规被修改或者废止的；

（二）因不可抗力致使集体合同部分不能履行或者全部不能履行的；

（三）用人单位发生被兼并、解散、破产等重大变化，致使集体合同无法履行的；

（四）集体合同约定的变更或者解除条件出现的；

（五）法律、法规、规章规定可以变更或者解除的其他情形。

一方提出变更或者解除集体合同要求的，应当提供相关材料并说明理由。变更或者解除集体合同按照本条例规定的集体协商和签订集体合同程序办理。

第六章　集体合同的监督与争议处理

第三十六条 人力资源和社会保障行政部门应当会同工会和用人单位代表组织，制定集体合同制度实施情况评价和奖励办法，定期对集体合同制度实施情况进行检查，对成效突出的单位和个人予以奖励。

第三十七条 人力资源和社会保障行政部门通过劳动用工管理、劳动保障年检、日常巡视监察、执法检查等方式，督促用人单位实施集体合同制度。

第三十八条 工会依法对用人单位履行集体合同情况进行监督。用人单位违反集体合同的，工会有权提出意见或者要求纠正。职工一方申请仲裁、提起诉讼的，工会或者其上一级工会应当依法给予支持和帮助。

第三十九条 签订集体合同双方可以组成集体合同监督组织，对集体合同的履行情况进行监督。监督中发现的问题，应当以书面形式提交集体协商双方首席代表研究处理。

第四十条 用人单位应当每年至少一次向职工代表大会或者职工大会报告集体合同的履行情况。

第四十一条 集体协商双方因签订集体合同发生争议的，应当协商解决；协商不成的，任何一方均可以向有管辖权的人力资源和社会保障行政部门提出申请，由人力资源和社会保障行政部门会同同级工会、用人单位代表组织共同协商解决；未提出申请的，人力资源和社会保障行政部门认为必要时也可以进行协调处理。

第四十二条 因履行集体合同发生争议的，集体合同双方可以协商解决；协商不成或者达成和解协议后不履行的，可以向劳动调解组织申请调解或者直接向劳动争议仲裁机构申请仲裁；对仲裁裁决不服的，可以依法向人民法院提起诉讼。

第七章 法律责任

第四十三条 违反本条例规定，有下列情形之一的，由县级以上人民政府人力资源和社会保障行政部门责令其限期改正：

（一）拒绝或者拖延另一方集体协商要求的；

（二）不按规定程序进行集体协商、签订集体合同的；

（三）不提供或者不按时、不如实提供集体协商和签订集体合同所需资料的；

（四）集体协商中止期满，未恢复协商，签订集体合同；

（五）用人单位对上级工会指导、帮助下级工会和职工进行集体协商和签订集体合同进行阻扰的；

（六）不按规定报送集体合同文本及相关审查资料的；

（七）不履行集体合同的；

（八）用人单位无正当理由调整协商代表的工作岗位、免除其职务、降低其职级或者变更、解除其劳动合同，打击报复协商代表的。

用人单位违反前款第（一）、（五）、（七）项之一，逾期拒不改正的，人力资源和社会保障行政部门可以将其不良行为记入诚信档案，向社会公布。

用人单位有前款第（八）项情形，由人力资源和社会保障行政部门责令改正，恢复协商代表个人的工作岗位、职务职级和劳动合同，造成协商代表个人损失的，应当依法给予赔偿。

第四十四条 职工一方的协商代表在集体协商和签订集体合同过程中违反本条例规定的，用人单位工会或者上级工会应当责令其改正；情节严重的，提请职工代表大会或者职工大会撤销协商代表资格。

第四十五条 县级以上人民政府人力资源和社会保障行政部门以及其它相关职能部门工作人员违反本条例规定，不履行职责或者违法行使职权的，由所在单位或者行政监察机关责令改正；情节严重的，依照有关规定给予行政处分。

第四十六条 工会工作人员违反本条例规定，不履行职责的，由同级或者上级工会责令改正；情节严重的，依照有关规定给予处分。

第八章 附 则

第四十七条 用人单位分支机构经法定代表人书面授权，与本单位职工就劳动关系有关事项进行集体协商和订立、履行、变更、解除或者终止集体合同，依照本条例执行。

事业单位、社会团体、个体经济组织等组织和与其建立劳动关系的职工进行集体协商和订立、履行、变更、解除或者终止集体合同，参照本条例执行。

第四十八条 本条例自2014年2月1日起施行。

[司法实务问题研究]

涉房案外人执行异议之诉的法律争议与风险防范

林巧玲*

一、案例

债权人郭某（申请执行人、案外人执行异议之诉被告、被上诉人）于2012年6月12日申请诉前财产保全，法院裁定查封了债务人郑某及其妻子、儿女等4人（债务人、被执行人、案外人执行异议之诉被告、被上诉人）名下的位于集美区某处一房产以及车位，即异议财产。债权人郭某遂后以民间借贷起诉债务人郑某等4人，请求债务人郑某等4人偿还借款，判决生效后，郭某于2012年9月向法院申请强制执行上述保全之财产。案外人汤某（执行异议申请人、案外人执行异议之诉原告、上诉人）在执行期间向法院提出执行异议申请，认为执行标的物系其于2012年5月30日向郑某等4人购买，并已向房管部门申请过户登记，且已于2012年6月8日交件，故主张享有上述执行标的的所有权。经过执行异议听证，法院执行机构审查裁定异议不成立。汤某在法定期间内向执行法院提起案外人执行异议之诉，一审判决驳回其诉讼请求，汤某提起上诉，终审维持原判。

该案系案外人执行异议之诉，案源始于民间借贷，资不抵债的债务人郑某

* 福建省厦门市中级人民法院法官。

与单个债权人汤某女（系汤某的女儿）达成“以房抵债”协议，将上述执行标的物作价抵债给汤某女，而汤某女又作为债务人郑某等的代理人将上述执行标的物卖给自己的父亲汤某，在执行程序中汤某提起案外人执行异议之诉。

在当前社会资金紧张、民间借贷纠纷高起的情况下，一旦债务人资金链断裂，众多债权人围绕着债务人有限偿债资产展开多方角力，想方设法使自己的债务得以清偿，容易引发损害善意案外人或其他债权人之利益，导致执行异议之诉呈增多趋势，这之中又以涉房案外人执行异议之诉居多。与普通民事诉讼相比，执行异议之诉在诉讼主体、诉讼请求和裁决上都具有特殊性，而相关的法律规定比较笼统，裁判规范不明确，导致实务中观点不一，给司法实践带来障碍，因此有必要对审判实务中的一些问题进行研讨，以厘清法理思路、统一审查标准、规范裁判尺度。

二、程序性法律问题的争议与风险防范

（一）关于涉房案外人执行异议之诉的管辖

《最高人民法院关于适用〈中华人民共和国民事诉讼法〉执行程序若干问题的解释》（以下简称《执行司法解释》）第十八条明确规定，案外人依照民事诉讼法第二百零四条规定（新民事诉讼法第二百二十七条①）提起诉讼的，由执行法院管辖。由执行法院管辖能及时决定是否中止、终结执行，及时保护案外人权利，提高效率；更能避免异议之诉的裁判与原执行依据相互矛盾，也利于作出执行依据的法院及时依审判监督程序提起再审，使前后裁判一致，维护司法权威。但也存在一些特殊情况：

1. 提级执行、指定执行以及委托执行如何管辖

因提级执行、指定执行的应由提级执行法院、被指定法院管辖。但在委托执行的情况下，受委托法院仅为受托执行，根据案件执行情况，应允许当事人选择执行法院或受托法院管辖。例如受托法院在本市内，当然可以由受托法院管辖，但如果受托法院在本市外甚至在省外，一刀切的由受托法院管辖则不符合诉讼经济和诉讼便利的原则。

---

① 民事诉讼法第二百二十七条所称的“原判决、裁定”，是指作为执行依据的生效裁判书、调解书；所称的“与原判决、裁定无关”，是指执行标的物并非作为执行依据的生效裁判所确权或确定要转让、交付的特定财产之情形。

2. 是否受级别管辖、专属管辖的限制

由于执行异议之诉均为因执行而衍生出的案件，必须以执行异议审查为前置程序，其审理结果直接影响到执行程序的进行。因此，有必要通过司法解释明确规定案外人异议之诉由执行法院专属管辖；执行法院不能以违反级别管辖、专属管辖、专门法院管辖为由，将案件指定或移送其他法院管辖。

3. 法院受理案件后变更执行法院的如何确定管辖

在这种情况下，宜根据案件审理的情况和当事人的意愿来确定，各方当事人就案件管辖事项协商一致的，按照当事人意愿确定是否移送管辖。当事人未达成一致，已开庭进行实体审理的，不再移送；未开庭进行实体审理的，移送变更后的执行法院审理。执行法院变更至属地外法院，或者由属地外法院变更至属地法院的，由相关法院协商确定。协商不成的，可根据民事诉讼法第三十七条第二款规定报请共同的上级人民法院指定管辖。

4. 同一执行标的物被多个法院轮候查封、扣押、冻结的如何管辖

同一执行标的物被多个法院轮候查封、扣押、冻结的一般，由最先查封、扣押、冻结的法院管辖。但最先查封、扣押、冻结的法院不是最先执行的法院的情况下可考虑报请共同的上级法院指定管辖或集中管辖。

（二）关于涉房案外人执行异议之诉的诉讼主体

根据《执行司法解释》第十七条和第二十一条的规定，案外人执行异议之诉“应当以申请执行人为被告；被执行人反对案外人对执行标的所主张的实体权利的，应当以申请执行人和被执行人为共同被告”；申请执行人有多人均否认案外人有排除强制执行的实体权利的，应将其作为共同被告。申请人执行异议之诉作出同理性规定。

1. 案外人提出异议申请，法院裁定中止对该标的物执行，被执行人不服裁定能不能诉，如何确定各诉讼主体的诉讼地位？

根据民事诉讼原理，被执行人作为当事人，对裁定不服应该给予救济途径，可参照《民事诉讼法》第二百二十七条规定，以案外人为被告、申请执行人为第三人提起执行异议诉讼；被执行人同时反对申请执行人请求的，以案外人和申请执行人为共同被告提起执行异议诉讼。

2. 在被执行人不反对案外人或申请执行人请求的情况下，能否将其列为

第三人？

被执行人不反对案外人或者申请执行人请求，案外人或者申请执行人也未将其列为第三人的，为了查明案情，法院可以将被执行人追加为无独立请求权第三人。

3. 在被执行人下落不明或者未表示明确意见的情况如何确定诉讼主体？

被执行人未表示明确意见的，根据原告诉讼请求确定。被执行人下落不明的，宜将其被执行人列为共同被告。

4. 案外人提起执行异议之诉，在申请执行人众多的情况下如何列被告？

例如，上述引用案例债权人多达100多人，申请执行人众多，在这种情况下，案外人如果提起执行异议之诉，若将全部的申请执行人都列为被告，在现实中似乎将成为不可能完成的任务，在这种情况下，可借鉴诉讼代表人制度，由执行机构组织申请执行人协调确定或由申请执行人委托执行机构指定诉讼代表人参加诉讼。

（三）关于涉房案外人执行异议之诉的内部审理分工

1. 具备条件的法院可设专门审判机构或统一到一个审判庭集中审理。这样有利于促进涉执行诉讼审判的专业化，统一审判思路、审判尺度和便于审执协调、便于案件管理。

2. 尚不具备条件的法院可以依各庭室职能划分确定由对应的审判庭审理。如以房屋、土地和设备等有形财产为执行标的的，由民事审判庭审理；以债权和股权、证券、票据等无形财产为执行标的的，由民商审判庭（民二庭系统）审理；以专利权、商标权等知识产权为执行标的的，由负责知识产权审判工作的审判庭审理。

（四）关于涉房案外人异议之诉的受理

1. 异议房产已在法院执行过程中被查封的，案外人以被执行人为被告就异议房产另行提起确权之诉的，不予受理；已经受理的，应当裁定驳回起诉（或中止审理），并告知当事人可以依据民事诉讼法第二百二十七条的规定主张权利。

2. 异议房产已在法院执行过程中被查封的，案外人以被执行人为被告就异议房产另行提起给付之诉，要求协助办理产权过户登记的，法院应当向案外人释明，告知其可以变更诉讼请求主张损害赔偿，经释明坚持不变更的，应当判决驳回其诉讼请求，但在判决理由中应写明案外人可待异议房产解除强制执行状态后再行主张。

3. 异议房产在法院采取执行措施查封之前，有管辖权的人民法院已经受理异议房产确权之诉的且已开庭进行实体审理的，案外人据此请求执行法院中止或者暂缓执行异议标的，执行法院可以中止或暂缓对异议标的处分。

事实上，在异议房产查封之前，房屋买卖双方已经存在争议并诉至法院，法院亦受理，有的案件还经历了一审、发回重审、重审一审、上诉审等多个审判阶段，甚至历经数年，如果在这种情况下，因在后的执行查封行为而驳回起诉，要求当事人再按照执行异议程序采取救济，则要经过执行异议审查、执行异议之诉，在法院执行异议仅判决“停止执行”而不进行确权判决情况下，当事人则必需再向法院提起确权之诉，这样等于又回到原来的确权审判程序，而在确权审判过程中，也不排除争议房产又被其他法院再次强制执行，如再次回到执行异议程序，势必陷入诉讼恶性循环的怪圈。当然也可能此类案件法院受理不久，还未经过复杂的过程，此时驳回起诉尚不会对当事人诉讼造成很大的影响，故考虑以是否“开庭进行实体审理”为时间界限。如果要依据民事诉讼法第二百二十七条的规定主张权利，已受理的确权诉讼“中止审理”比较合适，而“驳回起诉”的方式有利于案件管理（结案），但不利于当事人权益的保护。

4. 案外人在执行法院针对执行标的物的强制执行程序终结后提起执行异议之诉的，不予受理；已经受理的，应当裁定驳回起诉。在执行异议诉讼过程中，执行终结的，执行异议之诉终止审理；执行中止的，执行异议之诉应继续审理。

5. 多个案外人分别提起异议之诉对同一执行标的主张同一性质的权利，或者多个申请执行人分别提起诉讼请求对同一执行标的许可执行的，可以合并审理。诉讼由不同法院受理的，后受理的法院应当将案件移送最先受理的法院审理。

三、实体性法律问题的争议与风险防范

（一）关于物权法第九条与《查封规定》第十七条的关系

物权法第九条规定：不动产物权的设立、变更、转让和消灭，经依法登记，发生效力；未经登记，不发生效力，但法律另有规定的除外。由于物权法的法律位阶、效力均优于《最高人民法院关于人民法院查封、扣押、冻结财产若干问题的规定》（以下简称《查封规定》），许多人认为根据上位法优于下位法、新法优于旧法的的原则，应优先适用物权法。但实际上，《查封规定》第十七条与物权法并不冲突：

首先从制订的目的来看，最高人民法院出台《查封规定》的目的在于解决现实中登记程序的不完善等问题，而且从实施的效果来看这一规定也确实纠正了执行中出现的偏差，对真实权利人（即案外人）的权益予以了保护，符合民法的公平原则。物权法出台以后，虽然对不动产物权的变更采取严格的登记生效主义，但是善意取得等制度的设立也体现出物权法对于因程序瑕疵的真实权利人保护的精神。物权登记法律效力遵循物权公示原则，具有权利推定效力，既为权利推定，则意味着当出现名义物权人与真实物权人不一致时，应当以真实物权人为准，而不能仅以名义物权人确定物权归属。因此，《查封规定》第十七条与物权法的不动产物权登记生效主义并不冲突。

其次从法律规定的效力来看，《查封规定》第十七条规定“被执行人将其所有的需要办理过户登记的财产出卖给第三人，第三人已经支付部分或者全部价款并实际占有该财产的，但尚未办理产权过户登记手续的，人民法院可以查封、扣押、冻结；第三人已经支付全部价款并实际占有，但未办理过户登记手续的，如果第三人对此没有过错，人民法院不得查封、扣押、冻结。”这一规定仅包含查封类的控制性措施，未涵盖处置性措施。从法律效力来看，控制性措施并不会对权利的归属产生影响，这也就意味《查封规定》第十七条并不涉及对不动产物权的确认，因此也就不存在与物权法登记生效主义的原则相违背的问题。

最后从权利的性质来看，无论是申请执行人还是案外人对查封的不动产的权利都应属于债权的范畴，两者之间的冲突也属于债权之间的冲突。《查封规定》第十七条讨论了执行行为效力与案外人债权效力何者优先的问题，是从

债权冲突处理的角度问题作出了权衡，并不涉及物权法的范畴，因此并不互相冲突。

因此，在法律适用上，《查封规定》仍可以作为执行中审查案外人异议的实体判断依据，法院可根据《查封规定》第十七条的规定，紧紧围绕是否支付合理对价、款项有无实际支付、房产是否实际占有并且善意无过失，来确认不动产“买卖”关系的真实性。

（二）关于《查封规定》第十七条在适用上的理解

1. 案外人（第三人）应当在法院针对执行标的物的强制执行程序开始前，已经支付全部价款（或视为支付全部价款）并实际占有该标的物。法院在处理时应当根据当事人提交的买卖合同、付款发票、付款收据、物业服务合同、物业费缴费发票等证据予以综合判断。

2. “第三人对此没有过错”，是指案外人（第三人）未办理产权过户登记手续是由于被执行人不予协助、办理登记存在客观障碍、登记机关原因等案外人意志以外的原因造成的。案外人为规避法律、行政法规规定或逃避债务，故意将财产登记在被执行人名下的，应当认定其具有过错。

3. 在适用该规定时对案外人与被执行人之间是否存在真实的买卖关系应当严格审查，对案外人是否已经支付全部价款并实际居住等事实进行合理审查；在利益冲突的权衡时，应当在依法的前提下，兼顾购房人（案外人）的生存利益与银行、企业（申请执行人）之间的经营利益。

（三）关于涉房案外人执行异议之诉的判决方案

在司法实务界对案外人执行异议之诉的性质主要有三种观点：

第一种为“程序说”。主张此类案件的诉讼标的仅为是否阻却法院强制执行的异议权，对实体法律关系没有既判力。认为案外人提起执行异议之诉诉讼请求应当表述为“请求对执行标的物停止执行”，审理范围不涉及执行标的物的归属，如果当事人诉讼请求提出不动产“归其所有”和“协助过户”则不予审理。

第二种为“实体说”。主张诉讼标的应为实体法律关系，排除执行是其当然效果。该说认为尽管根据《执行司法解释》第十七条和第二十一条之规定，案外人对执行标的物主张实体权利得到法院物权确认判决后，停止执行和许可执行应为当然效果，判决一旦对涉案标的物进行确权必然会阻却法院的强制执行。如山东高院就持这种观点[①]，认为人民法院审理执行异议诉讼，以确认执行标的物的所有权为审理对象，通过审理确认执行标的物的所有权归属，但不涉及执行程序中采取的相关执行措施。

第三种为“折中说”。主张案外人异议之诉系具有确定当事人之间实体法律关系和排除执行的双重作用的一种新类型诉讼，诉讼标的同时包括实体法律关系和是否阻却法院强制执行的异议权。该说认为，案外人异议之诉是案外人以执行申请人为被告向法院提起并要求法院作出停止执行判决的诉讼，其起诉目的在于阻却法院的执行，但其异议能否得到支持，必须先行解决案外人与执行申请人就执行标的物的实体权利关系的争议，即解决实体法律关系是案外人异议之诉的必要先决条件。因此，案外人异议之诉应一并对实体法律关系作出有既判力的判决，以避免案外人或被执行人在判决生效后需另行提起确权诉讼，到时的管辖法院不一定是执行法院，从而会对执行案件造成更大的障碍。部分省、直辖市高院持这种观点，如广东高院[②]、北京高院[③]和浙江高院[④]。我们认为，采折中说更有利于彻底地解决纠纷，实现诉讼的目的。

1. 对案外人异议之诉性质的理解不同而判决方案有别

如果采取“程序说”，因涉房案外人执行异议之诉主要是基于房屋买卖合同，那么法院首先要认定双方买卖合同是否合法有效，认定之后依据《查封

---

① 详见《山东省高级人民法院民事审判工作会议纪要》（鲁高法〔2011〕297号）。

② 广东高院认为：“案外人提起执行异议诉讼，应当对执行标的主张实体权利，同时提出对执行标的停止执行的请求”，“案外人和当事人执行异议诉讼请求成立的，应当作出确认实体权利的判决，以及停止执行或许可执行的判决；执行分配方案异议诉讼请求成立的，应当在判决主文中写明人民法院支持的分配方案。”详见《广东省高级人民法院关于执行异议诉讼案件受理与审理的指导意见（试行）》（粤高法发〔2011〕43号）。

③ 北京高院认为：“案外人执行异议之诉案件中，案外人同时请求确认其对执行标的物享有实体权利或要求对其主张所依据的相关实体法律关系进行裁判的，一般应当合并处理，被执行人应当作为共同被告参加诉讼。案外人未同时请求确认其对执行标的物享有实体权利的，法院应当予以释明，经释明其仍坚持不增加的，法院不在判决主文中予以宣告，但应当在判决的事实和理由中予以阐明。”详见《北京市高级人民法院关于审理执行异议之诉案件适用法律若干问题的指导意见（试行）》（京高法发〔2011〕254号）。

④ 浙江高院认为：“案外人、申请执行人未诉请对相关实体法律关系进行裁判的，人民法院应当予以释明；如案外人和申请执行人明确表示不需要对相关实体法律关系进行裁判的，人民法院不在判决主文中予以宣告，但可以在事实和理由部分予以阐明。”

规定》第十七条规定的“三个要素”认定案外人是否享有实体权利，《查封规定》第十七条案外人享有的并非物权而是一种特殊债权，其特殊性在于可以对抗一般债权人（申请执行人）申请法院查封房屋的普通债权，但并非取得物权，因此不宜直接做出房屋确权判决，但如果法院认定案外人享有异议标的物的“实体权利”，则仅作出“停止对执行标的物的执行”的判决。

如果采取“实体说”，如果法院认定案外人享有异议标的物的“实体权利”，则直接对涉房案外人异议之诉作出房屋确权判决。但根据民事诉讼法第二百二十七条规定，案外人是因不服执行裁定而提起执行异议之诉，执行裁定解决的是否中止执行还是继续执行的问题，而在之后的执行异议之诉变成了单纯的“确权”，似乎与立法本意不符。

如果采取“折中说”，则异议之诉应当解决执行标的的实体权利和是否对执行标的停止执行的问题，法院审理根据案外人或者申请执行人的诉讼请求作出相应的裁判。因为当事人的诉请一般包括要求确认实体权利并排除对标的物的执行，异议之诉裁判的依据也是要在确认权利的前提下做出是否排除执行的结论。故法院可以直接作出房屋确权判决，如果案外人诉请停止执行并得到法院支持的，判决主文则表述为三项：（1）判决权利归属；（2）判决协助办理过户；（3）判决停止执行；如果申请执行人诉请许可执行并得到法院支持的，判决主文则表述为两项：（1）判决权利归属；（2）判决许可执行。

2. 是否对房屋买卖合同效力进行判决

如果采取“程序说”，判项仅为“停止对执行标的物的执行”，那么其前提条件是案外人享有“实体权利”，如果该实体权利是基于房屋买卖合同而产生的，那么房屋买卖合同合法有效是当然前提，否则就不能阻却法院的强制执行。笔者认为，“折中说”更为可取。因仅判决“停止执行”而没有确定权属，在法院停止执行解除查封后，若房屋买卖合同双方即案外人与被执行人之间没有争议，当然案外人就可依据合同办理产权过户取得所有权，若房屋买卖合同双方之间有争议，则案外人可能还需要通过确权诉讼方能最终取得所有权。从有利于解决争议，判决结果的统一来讲，判决“双方之间的房屋买卖合同合法有效“比较稳妥。

但判决合同合法有效，会给人一种是因“合同合法有效”进而判决“停止执行”，但实际上判决“停止执行”当然需要合同合法有效，但并非合同合法有效就一定导致“停止执行”，因为按照《查封规定》第十七条的“三个要素”来讲，即使合同合法有效也可能因未付清全款或者未实际入住或者案外人存在过错（并非导致合同无效的过错）而不能阻却法院“停止执行”，因为“合同是否有效”与“是否停止执行”是两个不同的法律评价标准。因此，是否判决合同合法有效宜根据个案情况具体适用，不宜一刀切。

3. 是否对原执行异议裁定进行审查并判决

不同法院对此有不同观点，例如采折中说的广东高院规定“诉讼请求成立的，还应一并判决撤销原执行异议裁定”，也即判决主文要表述；而北京高院规定“对处理案外人的执行裁定不予审查，在判决主文及理由中也不予表述”。案外人执行异议之诉，虽因当事人对前置的执行异议审查裁定不服，在法定的15日起内另行提起诉讼。但从法律规定来看，在当事人息诉服裁的情况下，其具有既判力，在当事人不服而另行提起诉讼的情况下，其应自然失去效力。但往往在实务中执行异议审查裁定书中都会有“本裁定送达后立即生效”，如果之后的判决书不对原执行裁定进行审查或判决，容易让当事人感觉两份均生效的法律文书相互冲突，而影响判决公信力，因此建议执行异议审查裁定书将“本裁定送达后立即生效”修改为“本裁定送达后15日内未提起诉讼的即生效”。

（四）关于滥用案外人异议之诉的防范

审判实践中，要注意防止案外人与被执行人恶意串通滥用案外人执行异议之诉，特别是在众多债权人的系列案件中，要考虑各方利益衡平，要注意强化证据认定标准。与会人员一致认为，法官要结合具体个案从严把握审查：

1. 严格对房屋买卖合同效力审查，重点审查是否存在真实的交易关系

法院在审理过程中发现，实践中的确存在被执行人利用《查封规定》第十七条的规定，和第三人恶意串通，逃避人民法院强制执行的情形；也存在着当事人通过合谋伪造合同等方式，采取虚假诉讼达到转移财产、逃避债务等非法目的。归纳而言，在如下情况下存在虚假诉讼的可能性较大：一是当事人一方或双方未到庭参加诉讼，委托代理人对不动产买卖的事实陈述不清或者存在矛盾的；二是债务人已经负债累累、资不抵债或者多次涉诉，交易双方之间存

在亲戚、投资等特殊关系，没有证据证明支付购房全款事实的；三是交易金额明显不合理，主张现金支付购房款的，当事人又无法提供证据证明或者作出合理说明的；四是其他案外人等对不动产买卖事实提出异议的。在上述存疑的情况下，对是否虚假诉讼如未查实，会造成法律真实和客观事实脱节，影响社会诚信和司法裁判的公信力。

如上述引用案例中，执行听证时债权人之一汤某女举证证明其与郑某之间签订了《抵债协议书》，约定将异议房产用于抵偿郑某对其的欠款，约定房屋作价每平方米10000元、装修作价50万元、车库每个作价20万元，合计507万元用于抵债。并由债权人汤某女作为债务人郑某的代理人，将异议房产以每平方米5000元、车库8万元出卖给自己的父亲汤某，所有买卖合同均由代理人汤某女签名，而且在执行听证中提供了收据和买卖合同，在一审中又提供了新的由代理人汤某女签名的收据和买卖合同，但两份收据和买卖合同前后内容不同，相互矛盾，但签订合同的时间却是相同的。且在执行听证时，郑某及其子女均陈述因郑某欠汤某女几百万元，所以委托汤某女出售异议房产，出售的房款直接给汤某女，郑及其子女就给汤某写了一个收到购房款的收条。汤某女没有直接将购房款以现金、通过转账或其他方式付款，双方没有现金交易。因此，终审法院认定买卖双方存在以房抵债的事实。

2. 严格事实审查，尤其是付款方式、资金流向，实际居住情况等关键问题的审查

严格审查案外人付清全款的票据是否真实，对房屋的登记所有权人为房地产开发商的，可要求其提供财务账簿审查房款的入账问题；对于涉及资金数额巨大的，应要求案外人提供银行转账的支付凭证等，尤其是当事人主张是以现金支付购房款的，要严格证据认定标准，可按照《全国民事审判工作会议纪要》（法办〔2011〕442号）关于民间借贷纠纷案件的“证据认定”来要求，即对现金交付的款项尤其是大额现金，可根据交付凭证、支付能力、交易习惯、金额大小、当事人关系以及当事人陈述的交付细节经过等因素综合判断是否用现金实际支付购房款，比如案外人主张其以20万元的现金方式支付购房款，除收据而外无法提供其他付款凭据也无其他证据佐证，其用现金付款真实性就值得怀疑。例如在上述引用案例中，上诉人汤某主张370多万元购房款全

部用现金支付，但其陈述的支付购房款情况包括付款数额、付款时间、付款地点、向谁付款、由谁付款以及分几次付款等情况都前后矛盾，多份书证之间、证人证言与书证之间内容相互矛盾，没有采取银行转账等安全、通用、简便的方式而采用现金交易，无法证明有支付能力，无取款记录，无其他证据予以佐证，其主张用现金支付购房款就不可信。一般来说，大额现金交易不符合常理。对于实际居住情况，可通过调取物业费、水电气费收据、现场查看等方式判定案外人是否已实际占有居住房屋。

3. 审查“以房抵债”或“买房”是否严重损害了其他债权人利益，避免案件结果导致众多债权人利益受损，引发社会矛盾

上述案例中，债务人郑某负债累累，对外欠债约 1.46 亿（到目前还不止），涉案 100 多起，债权人多达上百人，其明知其他债权人向其追债，汤某女作为债权人之一也明知其他债权人要郑某还债，而郑某与汤某女此时签订抵债协议将其有限的财产处分给单个债权人（汤某女），而汤某女又将执行标的买给自己的父亲汤某，借“买卖”之名行“抵债”之实，对其他债权人而言是极为不公平的。

根据《最高人民法院关于债务人有多个债权人而将其全部财产抵押给其中一个债权人是否有效问题的批复》（法复〔1994〕2 号）中就规定，债务人有多个债权人时，而将其全部财产抵押给其中一个债权人，因此丧失了履行其他债务的能力，损害了其他债权人的合法权益，根据《中华人民共和国民法通则》第四条、第五条的规定，应当认定该抵押协议无效。而其后颁布的《担保法司法解释》第六十九条规定：“债务人有多个普通债权人的，在清偿债务时，债务人与其中一个债权人恶意串通，将其全部或者部分财产抵押给该债权人，因此丧失了履行其他债务的能力，损害了其他债权人的合法权益，受损害的其他债权人可以请求人民法院撤销该抵押行为。”

依据以上法理，债务人将有限财产买卖给单个债权人而损害到其他众多债权人的处分财产行为也应该是无效的或者说是可撤销的，由于牵涉到众多债权人的利益，法院应慎重认定上述类型不动产买卖行为的效力，以维护众多债权的共同利益，在个体公平与集体公平上寻求平衡点，防止社会矛盾发生。

4. 涉及众多债权人利益的执行异议之诉应慎用调解方式结案

“调解优先、调判结合”是民事审判的原则，但在案外人执行异议之诉中，要把握单个案件如果不涉及其他案外人的利益，可以适用调解结案，但如果像上述案例这样涉及众多债权人的利益，要综合考虑全案情况，必要时可征求执行机构的意见，在确保不损害其他案外人的权益的情况下方可调解结案。对此，笔者认为，应慎用调解结案，若当事人自愿达成调解协议，则可建议调解协议达成后撤诉，双方一并到执行机构作执行和解，以避免可能损害其他债权人利益的情形。

（五）关于涉房案外人执行异议之诉善意案外人的保护

1. 对于房屋买卖合同履行过程中，“卖房人不履行协助义务或者下落不明或其他原因而使买受人无法履行支付购房款”义务的，此时买受人可以采取提存公证的方式以达到消灭债务的目的。根据《提存公证规则》规定，以清偿为目的的提存公证具有债的消灭和债之标的物风险责任转移的法律效力，以担保为目的的提存公证具有保证债务履行和替代其他担保形式的法律效力。

2. 建议对《查封规定》第十七条判断实体权利的“三要素”加以细化，针对不同情况进行认定。

例如，对于双方交易的真实性，是否存在善意无过错采取严格认定标准，而对“是否支付全款”，则在双方合同合法有效的前提下，侧重考量双方对支付购房款的约定，因为商品房交易本来就是私法领域，强调当事人意思自治，而且买卖合同作为双务合同，一方转移所有权，另一方支付购房款，由于不是即时交易，作为买房人本身就有借助分期付款或延时付款来促使卖房人按约转移所有权的需求，如果一味要求买受人一次性或全款支付购房款则有违市场规律，反而增加了买受人的风险。因此对“是否支付购房全款”要重点考量合同的约定，如果合同约定的付款期限未届满，此时被查封，则不能机械适用《查封规定》第十七条的规定认定不符合条件。

又如，在现实中，存在着买方担心卖方不能按约过户，卖方担心买方不付购房款，于是双方合同中约定买受人将首付款之外的购房款交由第三方监管，在约定的支付条件满足时，第三方按监管约定向卖房人支付购房款。若在约定监管期间，该房产被法院查封的，因监管约定的付款条件尚不具备而未支付，在买受人愿将尚未支付的购房款交与法院执行机构的情况下，可“视为已支付全款”。

再如，对《查封规定》第十七条“实际占有”的规定，应进行限缩性解释，参照商品房买卖中的“交房”即可，并不要求真正地实际居住。

3. 建议房产中介行业协会或产房管理部门编订“二手房交易法律风险告知书”下发给房产中介机构，并要求中介机构在促成房产交易时，要将上述告知书内容提示给当事人，以防患于未然，提高当事人风险意识，增强防范法律风险的能力，从源头上防范损害善意当事人利益的情形发生，最大限度地保障善意当事人权益。

浅论契约精神在农村赡养问题中的适用

——由一起赡养纠纷案件引发的思考

童栎丞*

目前，中国农村正在经历深刻的社会变革，从农业社会向工业化社会发展，从熟人社会向陌生人社会转变。此外，在发达地区的强烈吸引之下，大量的农村青壮年劳动力纷纷离开土地，涌向城市成为打工族，造成农村“空巢老人”的急剧增多以及农村赡养纠纷的大量涌现。本文从一起普遍存在的农村赡养纠纷案件出发，对中国社会契约精神缺失的文化原因以及造成农村赡养问题的现实原因进行了理论分析，从而从完善立法、司法、行政等多维度提出促进契约精神在中国现实社会转化的建议。

一、基本案情

甲、乙、丙为三兄弟，丁为其亲生母亲。由于母亲已经年迈，三兄弟与其

* 作者单位：浙江省杭州市萧山区人民法院。

母就赡养问题达成如下协议：

（1）母亲由丙负责赡养，甲、乙前期照顾母亲所垫付的费用不再向丙追索；（2）丁拆迁补偿所得的房屋及补偿款归丙所有，但留做丁颐养天年之用，余缺由丙负担，上述房屋及拆迁补偿款不存在继承问题；（3）丙应尽早安排丁到敬老院居住，后亦长期吃住在敬老院内，费用由丙负担；（4）丁因生病等情况需要照顾、护理，由丙先行照顾；（5）丙不得拒绝其他兄弟及孙辈对丁的探望；（6）丁即将老去时到丙家老去，死后丧葬由丙操持，费用由丙承担。

签订协议时，丙已取得了拆迁安置补偿款，拆迁安置的房屋也由丙居住。此后，丙送丁去敬老院时获知其母亲并不符合入住条件，且将丁安置到养老院的费用又过高。此时，丙、丁因生活琐事导致矛盾激化，故丁向法院起诉，认为丙所取得的拆迁补偿安置款属于不当得利，应当予以返还。

二、两种法律思维导致不同的裁判结果

本案在审理过程中，形成以下两种处理意见：

第一种观点认为，该份协议完整地约定了兄弟之间如何赡养母亲，且经得三兄弟母亲的同意。根据《中华人民共和国老年人权益保护法》第十七条之规定："赡养人之间可以就履行赡养义务签订协议，并征得老年人同意。居民委员会、村民委员会或赡养人所在组织监督协议的执行。"故该协议有效，应当由丙继续履行赡养母亲的相关义务。关于该协议第（1）条，根据我国的法律规定，赡养年迈父母是子女应尽的义务，是不可以放弃的，因此也就不存在追索费用的情形，因此第（1）条的约定是毫无意义的，但这并不影响整份协议的效力。第（2）至第（5）条则完整地约定了母亲的赡养义务如何履行。第（2）条可以视为附义务的赠与，"丁拆迁所得房屋及补偿款归丙所有"与"上述房屋及补偿款不存在继承问题"结合起来，可以视为形成了一种赠与关系，只不过这种赠与是附义务的，即房屋和补偿款留做母亲颐养天年之用。这就为丙受赠所得的款物指明了唯一的用途。既然是附义务的赠与，丙一旦出现不履行义务的情形，则丁有如下两种救济途径：一是可以依据《中华人民共和国合同法》第一百九十条的规定，要求受赠人按约履行义务；二是依据《中华人民共和国合同法》第一百九十九条之规定，在受赠人"对赠与人有扶养义务而不履行"的情况下，赠与人自知道或应当知道撤销原因之日起一年内行使撤销赠与的权利。此处的“扶养”应作广义理解，既包括父母对未成年子女的抚养、同辈亲属之间的扶养，也包括子女对年迈父母的赡养。

第二种观点认为，赡养关系属于婚姻、家庭关系，其内容不适用合同法的相关规定，且该协议有经合意免除部分子女赡养义务之嫌，应属无效协议，拆迁安置补偿款应当返还母亲。首先，婚姻、家庭关系在中国自古以来都属于伦理、道德范畴，即便现代社会有婚姻法、继承法等法律进行规范，但这一观念是根深蒂固的。因此，家庭、婚姻关系成了合同等民商事法律关系无法涉足的禁区。但凡有谁将赡养年迈父母的义务订立成合同，以契约的形式进行约定都会被视为是道德观念存在重大缺陷的异类。其次，赡养父母是每一名子女应尽的义务，权利是可以放弃的，但是义务却是必须履行的。通过协议方式将赡养父母的义务集中于一人身上，相当于通过合意的形式免除了他人的法定义务，既违反了法律的强制性规定，也违背了公序良俗。因此，这样的协议理应认定为无效。拆迁安置补偿款返还母亲，兄弟三人继续共同履行赡养父母的义务，房屋和拆迁补偿安置款将来应当作为遗产进行继承。

根据大多数人的生活经验和伦理道德观念，大部分人都会选择第二种观点。但笔者认为，该份协议无论是逐条分析还是从整体来看都并无不妥，选择第一种观点更能适应现代社会的要求。两种观点争论的焦点主要集中在：

第一，关于拆迁补偿款的定性问题。一种观点认为该款已赠与给丙所有，另一种观点认为该款仍为母亲所有，丙仅为财产管理人。笔者倾向于前一种观点，后者从理论上讲或许说得通，但与实际情况不符。在中国的农村，父母将自己的财产转移至子女名下，自己之后的生活来源完全依赖于子女供养的情形并不少见，本案就属于此种情况。

第二，子女能否以放弃遗产继承为条件免除自身的赡养义务。从现代的角度来看，赡养义务分为物质赡养和精神赡养两个层面。单从第（2）条来看，似乎甲、乙无需承担金钱给付义务确实可以视为免除了他们物质赡养的义务，但本协议的第（4）、（5）条的约定表明，甲、乙的精神赡养义务并未被免除，他们仍然需要时常探望老人，当丁因为患病等情况需要照顾时，只是由丙“先行”照顾，并不表示其他子女就没有照顾老人的责任。

第三，老人能否将财产转移至子女名下，约定该财产作为自己日后的生活来源。目前理论界的通说认为，子女履行赡养义务的财产来源必须完全来源于其自身的财产，将老人取得的拆迁补偿安置款及房屋赠与给子女，约定上述财产用途为赡养自己之用有种“羊毛出在羊身上”的感觉。笔者认为这种认识太过于狭隘。老人所有的款物最终去向无非只有两个：第一，属于老人所有，老人生前用其维持日后的生活，该款物必有消耗，老人去世后，该财产的残值用于继承；第二，老人生前将财产转移至子女名下，指明作赡养之用，即便该款物的所有权已归子女，但其使用权仍归老人所有。因此，无论从哪个角度去看，对老人都是无害的。

三、契约理念缺失的文化根源

16 世纪以来，契约观念逐渐由经济观念发展成一种社会政治与伦理观念，其思想和逻辑远远超过经济关系的范畴而渗透到社会生活的各个领域。17 世纪，社会契约概念成为西方社会政治思想的中心。契约理念形成了一个系统理论，它甚至被用来解释政治权威，说明国家的起源，为道德价值和正当社会的建构提供依据，被赋予自由、平等的价值，成为某种价值和信念的象征物。在其自身不断发展和演进过程中，又逐渐凝练了具有平等、自由、人权、诚信、协作等人文精神的契约理念。因此我们不难发现，在西方国家，未成年子女承担家务之后，父母向其支付报酬是十分平常的事，可以说契约的思想内涵在现代西方社会已经被广义化，在经济层面，是人们进行交易的公认方式，是权利义务创设的重要途径；在政治层面，是联结政府与公民的纽带，是公共权力合法性的根源；在伦理层面，是个人或团体信守承诺的道德体现。

在我国，作为交易方式的契约具有悠久的历史，并逐渐渗透到政治生活中，形成了中国契约发展中的“盟”与“约”的政治文化现象。但“盟”在中国存在时间并不长，始于周，盛行于春秋，战国时期逐渐衰落；“约”发展到明清时代，主要有三大类：第一种是根据对等者相互合意产生的“约”，例如，政治盟约以及民众之间缔结的大量的“约”；第二种是由享有较高地位者作为规范单方面宣示的“约”，例如，含有命令和法则的“军约”；第三种是乡村层次上的“约”，他们是命令和合意的混合体，即在乡村层次存在着“自上而下的命令”与“基于相互合意的合约”两种契机混合的状态。但无论“盟”还是“约”对中国社会的影响并不深远。中国传统社会是以农业社会为基础，以血缘关系为纽带的等级森严的身份社会。一个人一旦取得了某种身份，自然而然地也就享有某种权利，而维系这种社会的伦理形态是人情伦理。这种人情伦理导致了契约精神在东方文化与价值世界中出现历史性“空场”。新中国建立初期，以毛泽东为代表的第一代领导集体虽然建立了以公有制为基础的社会主义制度，但由于受教条主义和“斯大林模式”影响，实行高度集中的计划经济体制。在这种体制下，传统的身份性社会关系并未消除，而是以“单位人”的形式保留下来。上个世纪90年代，我国开始市场经济探索，随着改革的深入，各种矛盾凸显，这些问题和矛盾的产生很大程度上与契约精神的缺失有关。

四、当前农村赡养纠纷频发的现实原因

根据笔者观察，导致农村家庭赡养纠纷大量出现的原因主要有以下几个方面：

第一，相对落后的经济状况是根源。目前，中国农村正在发生深刻的变革，大量的农村青壮年劳动力离开农村、离开土地来到他们所不熟悉的城市打工。由于科学文化知识的欠缺，他们多半只能从事一些简单的体力劳动，收入十分微薄。这些青壮年劳动力成家之后，还要担负起抚养未成年子女的义务，加上经济发展不平衡以及物价的快速上涨，不少在城市打工的农民家庭经济条件较差，处于贫困的边缘。同时，农村老人的社保机制不健全，没有退休金等固定生活保障，基本依赖子女供养，进一步加大了赡养人的负担。这些原因都导致他们无法从经济上、精神上更好地赡养老人。

第二，家庭矛盾是客观因素。农村家庭子女通常较多，但子女多并不代表老人可以得到更好的照顾。相反，子女之间互相推诿、扯皮的现象大量存在。兄弟姐妹之间互相攀比，每个人都认为其他子女的经济条件优于自己，应当多承担赡养老人的义务。由于子女众多，农村老人通常无法均衡地对待每一名子女，对其中一名或几名子女多承担一些家务或者在经济上多给予一些补助就会引发其他子女的不满，认为父母偏心而在内心对老人产生反感，因而拒绝履行赡养义务。此外，夫妻关系也是影响赡养问题一个十分重要的因素。有部分儿子起初还是孝顺老人的，但是儿媳对老人总是冷冷淡淡的，久而久之潜移默化地，儿子也加入了不孝顺老人的队伍。还有部分夫妻将夫妻之间的矛盾转嫁到老人身上，把老人当做“出气筒”，使他们在物质和精神上受到孤立。

第三，法律和道德意识的淡薄是主观原因。农村子女从思想深处缺乏养老、尊老意识，认为老人是额外的负担，尤其农村习惯子女成家后分家，部分老人一方面不懂得维护自身权益，另一方面认为将自己的家产全部分割给子女，而自己的生活完全靠子女供养是很好的养老方式。简单的“口说无凭，立字为据”意识还会促使他们与子女签下协议，以为这样就可以一劳永逸。但现实却是老人一旦失去了对自己财产的实际控制权，往往会陷入更加被动的局面。

第四，立法可操作性及监督机制的缺失是制度原因。目前我国立法中有关赡养的规定仅体现在《中华人民共和国婚姻法》第二十一条，“子女对父母有赡养扶助的义务”，“子女不履行赡养义务时，无劳动能力或生活困难的父母有要求子女给付赡养费的义务”，《中华人民共和国老年人权益保护法》规定“赡养人应当履行对老年人经济上供养、生活上照料和精神上慰藉的义务，照顾老年人的特殊需要”。但上述规定十分抽象，“无劳动能力”、“生活困难”如何界定，“赡养扶助的义务”具体包括哪几种方式，“精神上慰藉”通过何种途径得以实现，子女不履行义务应承担何种法律后果等都无法从该条文中得知。正是由于法律未提供可供借鉴的具体赡养规范，因此在现实生活中，人们习惯性地认为多名子女承担的赡养义务应当是平均分摊。例如老人有四名子女，则无论各名子女的收入、家庭情况为何，一律都承担四分之一的责任。从表面来看十分公平，但是假如部分子女家庭确实特别困难的话，往往就会实际没有赡养能力，使得这样抽象的规定无法得到落实。

五、运用契约精神化解农村赡养纠纷之倡导

（一）我国立法已认可了赡养协议的合法性

《中华人民共和国老年人权益保护法》第十七条规定：“赡养人之间可以就履行赡养义务签订协议，并征得老年人同意。居民委员会、村民委员会或赡养人所在组织监督协议的执行。”这是我国从立法层面上首次对赡养协议予以确认，是具有重要意义的。邓正来先生《市民社会理论的研究》一书中明确指出“市民社会内部发展起来的契约性规则、自治能力和利益格局是社会稳定的保险机制和控制机制。”目前，我国的社会格局尤其是农村正在发生巨大

的变革，社会正处于从农业经济向市场经济、从熟人社会向陌生人社会转变的转型期，通过立法的形式认可赡养协议的效力和存在价值具有进步意义。

（二）多维度实现契约精神在现实领域的转化

首先，从立法层面来看，可以进一步探索对赡养协议更为细致的规定。例如，对主体加以细化。从主体来看，赡养协议可以分为两大类：一类是赡养人和被赡养人之间签订的协议，此类协议签订主体之间通常具有父母子女关系。另一类是赡养人之间签订的协议，此类协议签订主体之间通常具有兄弟姐妹关系。针对农村大量存在的儿媳“枕边风”导致儿子不孝现象，笔者认为，应当将儿媳以及有负担能力的孙子女、外孙子女纳入到赡养协议的签订主体中来。原因很简单，在农村“男主外、女主内”是普遍现象，而赡养老人显然属于家务事，儿媳在话语权方面占据主导地位，倘若不把儿媳纳入到订立协议的主体中来，很容易使协议流于形式，无法真正得到履行，进而加深父母与子女之间的矛盾。此外，农村需要赡养的老人，他们的子女大多也已年纪老迈，一无经济实力，二无精力体力。但他们的孙子女、外孙子女大多数受过教育，有些甚至受教育程度较高，收入较父辈要丰厚一些，道德、法律意识也比较强，因此将有负担能力的孙子女、外孙子女纳入到赡养协议中来会使得老人晚年的生活更有保障。

其次，充分发挥行政机关的指导作用。赡养老人不仅是家庭责任问题，更是一个社会问题、法律问题。农民普遍法律意识淡薄，此时居委会、村委会、相关行政组织应当充分发挥作用，加大宣传力度。不仅要宣传尊老、敬老是中华民族的传统美德，从道德上加以约束。更要鼓励老人与子女签订赡养协议，督促子女自觉履行协议。人有追求理性的一面，也有追逐利益的一面。当追逐利益的一面占据上风时，道德观念必然会被弱化，甚至丧失殆尽。有效制约人性弱点的方式就是契约精神的建立。同时，加强对协议签订的指导，避免明显违法或违反公序良俗条款的出现。例如：针对农村大量存在的女儿不养老的现象，应当告知村民，依据我国法律，老人的孩子不分男女均应承担赡养义务，当然考虑到法律规定与乡规民约的平衡，可以适当减轻女儿负担的份额。再比如，近年来随着“空巢老人”的大量增加，老年人的精神赡养问题被广泛讨论，在赡养协议设定的条款中，可以对物质、精神层面的赡养进行区别对待。

物质赡养层面，允许经济确有困难的赡养人通过放弃遗产继承方式免除金钱给付义务，但在精神赡养层面则不允许放弃，每名子女必须定期探望老人。

第三，在司法层面充分考虑赡养纠纷的特殊性，将其与其他案件区别对待。在现实生活中，老人因赡养问题将子女告上法庭往往导致子女产生逆反心理，不仅不能自觉履行义务，反而态度更为强硬地拒绝履行。笔者认为，各级法院的立案庭在遇到此类案件时不应当立即立案，而应当先行调解。调解的方式可以是多样的，可以法官自己调解，可以委托人民调解委员会调解，也可以委托村干部等值得当事人信赖的人先行调解，力求将矛盾解决在进入诉讼程序之前，避免父母与子女在法庭上针锋相对，这对老人来说无疑是一次精神折磨。如果矛盾无法调和，必须进入诉讼程序的，也应当适用不公开审理，保护农村老人普遍存在的“家丑不可外扬”的心理。

综上，契约精神的建立对于农村赡养问题的解决十分有益。目前，我国正在加速进入老龄化社会。根据《2010 年人口普查主要数据公报》数据显示，大陆 31 个省、自治区、直辖市和现役军人的人口中，0 ~ 14 岁人口比例为 16.60%；15 ~ 59 岁人口比例为 70.14%；60 岁及以上人口比例为 13.26%，其中 65 岁及以上人口比例为 8.87%。同第五次人口普查相比，1 ~ 14 岁人口的比重下降 6.29 个百分点，15 ~ 59 岁人口的比重上升 3.36 个百分点，60 岁及以上人口比重上升 2.93 个百分点。这些人口中，居住在城镇的人口比例为 49.68%，居住在乡村的人口比例为 50.32%。到 2039 年，我国将出现不足两个纳税人供养一个养老金领取者的局面，届时不仅在农村，居住在城市的老人也将面临养老的难题。面对如此“未富先老”的形势，除了政府在养老、医疗、福利、社区服务等应对措施上加以完善，契约精神的建立同样有利于缓解社会养老的压力。

[新类型疑难案例选评]

某饮料公司诉陈某劳动争议案

张永辉*

【案情】

陈某出生于1942年12月25日，2001年1月陈某到某饮料公司工作，双方一直签订有固定期限劳动合同。2011年5月1日合同到期时，双方又签订了无固定期限的劳动合同书一份。2012年6月，饮料公司以陈某年龄偏大为由将其解雇。陈某在饮料公司工作期间，饮料公司未为陈某参加社会保险。陈某被解雇后向劳动仲裁委员会提起仲裁，要求饮料公司为其补办各项社会保险及支付经济补偿金。仲裁委仲裁裁决：1. 饮料公司为陈某缴纳2001年1月至2012年6月期间的养老、医疗等社会保险费，具体数额以社会保险机构计算的为准；2. 饮料公司支付申请人解除劳动合同的经济补偿金21600元（12个月×1800元/月=21600元）。饮料公司不服，诉至法院。

【争议】

对本案的处理存在三种意见。

一种意见认为，双方虽签订有劳动合同，但陈某2002年12月25日已年满60周岁，根据《劳动合同法实施条例》第二十一条的规定，劳动者达到法定退休年龄劳动合同终止，之后双方的关系已不属于劳动关系，故饮料公司仅

* 作者单位：河南省漯河市中级人民法院研究室。

需支付2001年1月至2002年12月25日的社会保险费，陈某的其他诉求均不应支持。

第二种意见认为，《劳动合同法实施条例》关于劳动者达到法定退休年龄劳动合同终止的规定并非强制性规定，饮料公司明知陈某达到退休年龄后仍继续与其履行劳动合同，双方的劳动关系并未发生改变，因此应当维持仲裁裁决。

第三种意见认为达到退休年龄后双方的关系仍属于劳动关系，但饮料公司仅应支付社会保险费，但不应支付经济补偿金。

［评析］

超龄劳动者劳动关系的认定

近年来，劳动争议案件呈日趋上升趋势，其中不少涉及超龄劳动者的案件。然而，由于我国劳动立法的不完善，且对相关法律规定的理解不一，导致仲裁裁决之间、仲裁与判决之间、不同判决之间结果不一，容易引发当事人及社会公众对司法公正的质疑。该类案件处理中的分歧与争议集中表现为以下三点：（1）劳动者达到法定退休年龄时与用人单位已经签订的劳动合同是否自动终止，达到法定退休年龄之后双方自愿签订劳动合同是否有效以及双方关系的性质；（2）劳动者达到法定退休年龄后继续在用人单位提供劳动，用人单位是否该为劳动者交纳相关社会保险费；（3）用人单位以劳动者达到法定退休年龄或者超过法定退休年龄为由解除与劳动者的劳动关系是否应当支付经济补偿。

一、判定劳动关系是否存在的本质特征

我国劳动法和劳动合同法均使用了劳动关系的概念，却没有对劳动关系作出明确的定义。《劳动合同法（草案）》第三条曾经对劳动关系这一概念做出过定义："本法所称的劳动关系，是指用人单位招用劳动者为其成员，劳动者在用人单位的管理下提供有报酬的劳动而产生的权利义务关系。"结合司法实践，笔者认为，该定义能够恰当反映劳动关系与其他法律关系的本质区别，具有明显的识别性。

就劳动关系的构成来看，《劳动和社会保障部关于确立劳动关系有关事项的通知》（劳社部发（2005）12号）对劳动关系的判断规定三条明确的标准：一是用人单位和劳动者符合法律、法规规定的主体资格；二是用人单位依法制定的各项劳动规章制度适用于劳动者，劳动者受用人单位的劳动管理，从事用人单位安排的有报酬的劳动；三是劳动者提供的劳动是用人单位业务的组成部分。可见，劳动关系的本质特征或者界定劳动关系与其他法律关系的关键，在于双方当事人是否存在管理与被管理的隶属关系，是否一方向另一方有规律地支付劳动报酬。

然而，从现行司法解释来看，完全符合劳动关系的上述特征却不按劳动关系进行处理也有例外。《最高人民法院关于审理劳动争议案件适用法律若干问题的解释（三）》第七条规定："用人单位与其招用的已经依法享受养老保险待遇或领取退休金的人员发生用工争议，向人民法院提起诉讼的，人民法院应当按照劳务关系处理。"根据以上规定，符合劳动关系特征但不按劳动关系对劳动者进行特殊保护的前提应当是劳动者已经依法享受养老保险待遇或者已经领取退休金。

二、劳动法并未对超龄劳动者的主体资格作出禁止性规定

从现行劳动法具体规定来看，我国劳动法对劳动者主体资格的限制仅仅表现在明确禁止雇佣不满16周岁的童工，但未对超龄劳动者提供劳动的主体资格并未作出禁止性规定。也就是说，只要不是未满16周岁的未成年人，且没有丧失劳动的权利能力和行为能力，其就可以与用人单位建立劳动关系。虽然《劳动合同法实施条例》第二十一条规定"劳动者达到法定退休年龄的，劳动合同终止"，但笔者认为，该规定只是劳动关系双方无条件终止劳动关系的法定事由而非强制性规定，其赋予的是用人单位或劳动者在劳动者已达法定退休年龄时享有对劳动关系的终止权，但不意味着劳动关系在劳动者已达退休年龄时就自动终止。换言之，只要劳动者在签约时没有隐瞒自己的年龄，用人单位对劳动者签约或履约时的年龄是明知的，则当劳动者达到法定退休年龄时，用人单位与劳动者任何一方均享有终止劳动关系的选择权，无论劳动合同是否到期。如果双方均没有提出终止劳动合同，甚至在劳动者达到法定退休年龄之后又续签劳动合同，或者用人单位明知劳动者已经达到法定退休年龄而仍然与之签订劳动合同或形成事实劳动关系，则充分说明该劳动合同或事实劳动关系是双方真实意思的表示，劳动合同或劳动关系合法有效。此时，按照《最高人民法院关于审理劳动争议案件适用法律若干问题的解释（三）》

第七条规定，只要劳动者尚未依法享受养老保险待遇或者领取退休金，则用人单位与劳动者之间法律关系就没有发生变化，劳动者就仍然是用人单位的职工。

三、超龄劳动者应当享受的劳动保障待遇

争议主要涉及社会保险费及经济补偿金两项。

（一）关于社会保险费的缴纳

我国社会保险法第四条第一款规定："中华人民共和国境内的用人单位和个人依法缴纳社会保险费……"，第十条第一款规定："职工应当参加基本养老保险，由用人单位和职工共同缴纳基本养老保险费。"第二十三条第一款规定："职工应当参加职工基本医疗保险，由用人单位和职工按照国家规定共同缴纳基本医疗保险费。"依照社会保险法上述规定，只要用人单位与劳动者存在合法有效的劳动关系，且劳动者尚未依法享受养老保险待遇或者领取退休金，则不论劳动者是否已经达到退休年龄，用人单位都应当依法为其缴纳社会保险费。

另外，此处的养老保险应理解为职工养老保险而非村民或居民养老保险。两者有显著的区别：村民或居民养老保险属国家一项社会福利政策，覆盖城乡的60周岁以上的居民，其资金筹集来源为个人及政府，职工养老保险的资金筹集来源为用人单位及职工个人；村民或居民养老保险发放基础数额较低，目前仅为每月55元，职工养老保险一般与本人退休前工资相差不远，相对社会养老保险数额较高；村民或居民养老保险的发放与享受不要求基础法律关系，年满60周岁以上的城乡居民均可享受，职工养老保险待遇的享受必须在用人单位工作特定年限以上，所在用人单位为其办理了相应的保险。故参加村民或居民养老保险的超龄劳动者不影响与用人单位劳动关系的建立。

（二）关于经济补偿的支付

我国劳动合同法第四十六条明确规定了用人单位应当向劳动者支付经济补偿的情形，包括：（1）因为用人单位的原因导致劳动者依照劳动合同法第三十八条的规定解除劳动合同的；（2）用人单位向劳动者提出解除劳动合同并与劳动者协商一致解除劳动合同的；（3）用人单位提前三十日以书面形式通知劳动者本人或者额外支付劳动者一个月工资后，依照劳动合同法第四十条规定与劳动者解除劳动合同的；（4）用人单位因符合法定原因裁减人员而依照劳动合同法第四十一条第一款规定与劳动者解除劳动合同的；（5）除用人单位维持或者提高劳动合同约定条件续订劳动合同，劳动者不同意续订的情形外，因劳动合同期满而终止固定期限劳动合同的；（6）因用人单位被依法宣告破产或者用人单位被吊销营业执照、责令关闭、撤销或者用人单位决定提前解散而终止劳动合同的；（7）法律、行政法规规定的其他情形。根据劳动合同法第四十六条规定的用人单位依法应当支付经济补偿的以上七种情形，超龄劳动者因年龄原因被用人单位终止或解除劳动合同的，明显不属于用人单位依法应当支付经济补偿的情形。

但需要注意的是第五种情形，如果用人单位与劳动者签订的固定期限劳动合同期满之日恰好是劳动者达到法定退休年龄之日，且劳动者不同意续订劳动合同，此时因《劳动合同法实施条例》第二十一条已将达到法定退休年龄作为终止劳动合同的法定事由，因此，劳动者的不同意续订并不能成为阻却劳动合同法第四十六条第（五）项规定的应当支付经济补偿的理由，此时用人单位可能要面临支付经济补偿的法定义务。那么，在此情况下，何种情形能够起到阻却用人单位支付经济补偿的法定事由呢？根据现行法律规定，只有一种情形，即劳动合同法第四十四条第（二）项规定的情形——“劳动者开始依法享受基本养老保险待遇的”。换言之，如果用人单位与劳动者签订的固定期限劳动合同期满之日恰好是劳动者达到法定退休年龄之日，且劳动者不同意续订劳动合同，只有在其依法可以开始享受基本养老保险待遇的情形下，用人单位才能免除其支付经济补偿的法定义务。因此，根据上述分析，法院在依照劳动合同法第四十六条第（五）项规定判令用人单位是否应当支付经济补偿时，应当查明下列事实：（1）固定劳动合同截止的期限是否恰好是劳动者达到法定退休年龄之日；（2）劳动者是否具备依法开始享受基本养老保险待遇的条件（审查此条件需要结合社会保险法第十六条的规定，查明该劳动者达到退休年龄时是否已经累计缴费满十五年）。

综上，笔者同意第三种意见。

[最新立法、司法动态]

最高人民法院

关于审理独立保函纠纷案件若干问题的规定（征求意见稿）

（2013 年 11 月 29 日）

为正确审理独立保函纠纷案件，根据《中华人民共和国民法通则》《中华人民共和国合同法》《中华人民共和国担保法》《中华人民共和国涉外民事关系法律适用法》《中华人民共和国民事诉讼法》等法律，结合审判实践，制定本规定：

第一条【独立保函的定义】

本规定所称的独立保函，是指由担保人依照保函申请人的指示开立的，凭与保函条款相符的付款请求书或其他单据，在保函载明的最高金额内向受益人付款的书面承诺。

前款所称的其他单据，是指保函载明的受益人请求付款时必须提交的汇票、发票、不履行债务的证明或陈述、法院判决或仲裁裁决等书面文件。

本规定所称的独立反担保函，是指由反担保人开立的，以担保人为受益人的独立保函。

第二条【独立保函和从属性保证的区分】

保函载明见索即付、适用国际商会《见索即付保函统一规则》，或担保人付款义务不受基础法律关系以及其他法律关系影响的，人民法院一般应当认定该保函为独立保函，但保函没有载明据以付款的单据条件，或未载明最高付款金额的除外。

【第二种意见】【独立保函不适用于国内交易】独立保函及其所对应的基础法律关系均不具有涉外因素，当事人主张保函独立性的约定有效的，人民法院不予支持。

第三条【担保人的资格】

人民法院应当根据担保人经常居所地法律，认定担保人是否具备开立独立保函的行为能力。

对于不具备担保经营业务资质的我国企业、组织和个人开立的独立保函，当事人主张保函独立性的约定有效的，人民法院不予支持。

第四条【独立性约定无效的处理】

独立保函的独立性约定无效，当事人主张保函为从属性保证的，人民法院应予支持。

第五条【涉外独立保函的准据法】

担保人和受益人之间的涉外独立保函争议适用保函约定的法律。当事人主张涉外独立保函争议应当适用基础法律关系所适用的准据法的，人民法院不予支持。

担保人和受益人在一审法庭辩论终结前一致选择或变更保函争议应适用的法律的，人民法院应予准许。

保函未约定法律适用，担保人和受益人在一审法庭辩论终结前亦未就法律适用达成一致的，人民法院应当适用担保人经常居所地法律。保函由担保人分支机构开立的，担保人经常居所地为该分支机构所在地。

第六条【对外担保】

独立保函构成对外担保的，人民法院应当根据《中华人民共和国涉外民事关系法律适用法》第四条的规定，直接适用我国法律关于对外担保的强制性规定。

我国境内银行开立的独立保函构成对外担保，当事人以该保函未经外汇主管部门审批或登记为由，主张保函无效的，人民法院不予支持。

第七条【交易示范规则的并入】

独立保函约定适用《见索即付保函统一规则》《国际备用信用证惯例》等相关交易示范规则，或担保人和受益人在一审法庭辩论终结前一致选择适用相关交易示范规则的，人民法院应当认定相关交易示范规则构成保函条款的组成部分。

未经保函约定或当事人一致选择，一方当事人主张保函适用交易示范规则的，人民法院不予支持。

第八条【独立性原则】

受益人提交的单据与独立保函条款之间、单据与单据之间表面相符，受益人请求担保人依据独立保函承担付款责任的，人民法院应予支持。

担保人以基础法律关系、保函申请关系以及其他法律关系对付款义务提出抗辩的，人民法院不予支持，但有本规定第十八条规定的情形的除外。

第九条【表面相符的判断标准】

当事人就是否构成表面相符发生争议时，人民法院应当根据保函约定的审单标准进行审查；保函没有约定的，人民法院可以参照适用国际商会确定的相关审单标准。

受益人提交的单据与独立保函条款之间、单据与单据之间表面上不完全一致，但并不导致相互之间产生歧义的，人民法院应当认定构成表面相符。

第十条【担保人逾期拒付的责任】

担保人自收到受益人付款请求之次日起超过 7 个营业日未发出拒付通知，或在前述期限内发出拒付通知但未列明不符点，其以受益人付款请求存在不符点为由主张拒付的，人民法院不予支持。

独立保函对审单期限另有约定的，从其约定。

第十一条【担保人对不符点的独立判断】

担保人以受益人付款请求存在不符点为由拒绝付款，受益人以保函申请人已接受不符点为由主张担保人应当承担付款责任的，人民法院不予支持。

第十二条【追偿权及抗辩事由】

担保人依据独立保函付款后向保函申请人追偿的，人民法院应予支持，但受益人付款请求存在不符点的除外。

担保人能够提供证据证明保函申请人已书面明示接受不符点的，对担保人的追偿请求，人民法院应予支持。

第十三条【付款请求权的消灭】

独立保函具有下列情形之一，受益人主张其享有付款请求权的，人民法院不予支持：

（一）保函的有效期届满；

（二）担保人已经支付了保函项下的应付款项；

（三）保函金额减额至零；

（四）担保人收到受益人出具的解除保函责任的文件。

第十四条【保函有效期的推定】

根据独立保函条款以及应当适用的法律均无法确定保函有效期的，保函有效期自开立之日起满三年届满。独立反担保函的有效期自独立保函的有效期届满之日起满三十日届满。

保函脱离担保人的控制，即为开立。

本规定实施前已经开立的独立保函具有第一款情形的，保函有效期自本规定实施之日起计算。

【第二种意见】删除本条，即允许当事人约定无限期的独立保函，对保函有效期不作规定。

第十五条【受益人付款请求权的转让】

当事人主张独立保函项下受益人的付款请求权随主债权转移而转移的，人民法院不予支持。

保函未约定受益人可以转让付款请求权，当事人主张受益人转让付款请求权的行为有效的，人民法院不予支持。

第十六条【受益人付款请求权的法定继受】

受益人发生死亡、解散、清算、破产等情形的，人民法院应当根据受益人经常居所地法律确定有权行使付款请求权的主体。

第十七条【保证金不得扣划】

对保函申请人为开立独立保函所交纳的保证金，人民法院在审理或执行案件时，依法可以采取冻结措施，但不得扣划。

第十八条【独立保函的欺诈情形】

受益人的付款请求具有下列情形之一的，人民法院可以认定构成欺诈：

（一）受益人与保函申请人或第三方恶意串通，没有真实基础交易的；

（二）受益人提交的单据记载内容虚假或系伪造的；

（三）根据独立保函的类型和目的，受益人的付款请求没有可信依据的。

担保人知道或应当知道受益人欺诈，仍在独立保函项下恶意付款，并请求反担保人付款；或未收到受益人付款请求，即请求反担保人付款的，人民法院可以认定担保人的付款请求构成欺诈。

第十九条【受益人明显滥用索赔权构成欺诈的情形列举】

具有以下情形之一的，人民法院可以认定符合本规定第十八条第（三）项的规定：

（一）根据受益人的付款请求及单据的记载内容，担保人没有付款义务的；

（二）对基础法律关系争议具有管辖权的法院或仲裁机构终局裁决认定债务人没有付款或赔偿责任的；

（三）债务人已完全履行了独立保函保障的债务的；

（四）独立保函所保障的债务不履行事件或风险并未发生的；

（五）受益人明显滥用付款请求权的其他情形。

第二十条【止付令的申请条件】

保函申请人、债务人、担保人或反担保人在诉前或诉讼中申请中止支付独立保函款项的，应当向对保函欺诈纠纷案件具有管辖权的人民法院递交书面申请，并对可能存在本规定第十八条规定的情形提供相应的证据。

当事人提交的止付申请不符合前款规定的条件的，人民法院不予受理。

第二十一条【止付申请的担保】

止付申请人提出申请时应当提供担保。

止付申请人未提供充分有效的担保的，人民法院应当裁定驳回申请。

【第二种意见】增加一款：人民法院确定担保范围时，应当考虑独立保函被中止支付可能给相关当事人造成的损失，包括因此产生的诉讼费用支出。

第二十二条【裁定期限】

人民法院受理止付申请后，应当在四十八小时内作出书面裁定。

人民法院在前述期限内，必要时可以询问单方或各方当事人。

第二十三条【裁定列明的当事人】

人民法院对止付申请作出的裁定，应当列明申请人、被申请人和第三人。

担保人和反担保人可以作为第三人申请参加诉讼，人民法院也可以通知其作为第三人参加诉讼。

第二十四条【裁定止付的条件】

人民法院受理止付申请后，认为同时符合下列条件的，可以裁定担保人或反担保人中止支付被请求的款项：

（一）根据止付申请人提交的证据，具有本规定第十八条规定的情形之较高可能性的；

（二）如不采取止付措施，将会使止付申请人的合法权益受到难以弥补的损害的。

人民法院作出的止付裁定应当包含初步查明的事实和止付理由。

对人民法院在诉前作出的止付裁定，止付申请人在裁定作出后三十日内未依法提起独立保函欺诈纠纷诉讼的，人民法院应当解除止付裁定。

【第二种意见】（一）根据止付申请人提交的证据，明显存在本规定第十八条规定的情形的。

第二十五条【裁定的复议】

当事人对人民法院就止付申请作出的裁定有异议的，可以在裁定书送达之日起十日内申请复议。当事人住所地在中华人民共和国领域外的，可以在裁定书送达之日起三十日内申请复议。复议期间，不停止原裁定的执行。

当事人对裁定申请再审的，人民法院不予受理。

【第二种意见】【向上一级人民法院复议】当事人对人民法院就止付申请作出的裁定有异议的，可以在裁定书送达之日起十日内向上一级人民法院申请复议。当事人住所地在中华人民共和国领域外的，可以在裁定书送达之日起三十日内向上一级人民法院申请复议。复议期间，不停止原裁定的执行。

第二十六条【裁定的效力】

人民法院作出的止付裁定的效力，维持到独立保函欺诈纠纷终审判决生效时止。

人民法院也可以根据具体案情，确定裁定的效力期限。

【第二种意见】删除第二款。

第二十七条【基础法律关系争议的有限审查】

人民法院在审理独立保函欺诈纠纷案件或处理止付申请过程中，可以就本规定第十八条规定的情形对基础法律关系争议进行必要的有限审查。

当事人以基础法律关系争议受其他法院管辖或仲裁解决为由，主张人民法院不应审查基础法律关系争议的，人民法院不予支持。

第二十八条【欺诈情形的排除】

止付申请人或原告仅以受益人违约或基础法律关系争议已提起诉讼或仲裁为由请求止付的，人民法院不予支持。

对方当事人提交对基础法律关系争议具有管辖权的法院判决或仲裁裁决，证明受益人付款请求有可信依据的，人民法院应当及时驳回止付申请或请求。

第二十九条【终局判决】

人民法院通过对独立保函欺诈纠纷的审理，认定存在本规定第十八条规定的情形的，应当判决担保人或反担保人终止支付保函项下被请求的款项。

【第二种意见】建议删除该条。

第三十条【独立保函纠纷的管辖】

因独立保函的开立、通知、修改、转让、付款、追偿等发生的纠纷由中级以上人民法院管辖。当事人书面协议选择争议提交仲裁或中华人民共和国领域外的法院管辖的除外。

独立保函欺诈纠纷由被请求止付的担保人或反担保人住所地中级以上人民法院管辖。当事人以独立保函或基础法律关系约定争议解决条款为由提出管辖权异议的，人民法院不予支持。

第三十一条【本规定排除适用的范围】

与备用信用证有关的纠纷，不适用本规定。

【第二种意见】与独立保函性质相同的备用信用证，可以参照适用本规定。

第三十二条【溯及力规定】

本规定自　年　月　日起施行。施行后尚未终审的案件，适用本规定；施行前已经终审的案件，当事人申请再审或者按照审判监督程序决定再审的，不适用本规定。

最高人民法院
关于扣押与拍卖船舶相关问题的规定（征求意见稿）

（2013年11月29日）

为规范海事诉讼中船舶的扣押与拍卖，根据《中华人民共和国民事诉讼法》《中华人民共和国海事诉讼特别程序法》等法律，结合司法实践，制定本规定。

第一条【其他保全措施】

海事请求人申请对船舶采取限制转让、抵押、光船租赁等保全措施的，海事法院可以裁定准许并通知船舶登记机关协助执行。但该保全措施不影响其他海事请求人申请扣押船舶。

第二条【同时扣船】

海事法院应不同海事请求人的申请，可以对已经被扣押的船舶采取扣押的保全措施。

先扣押船舶的海事请求人未申请拍卖的，后扣押船舶的海事请求人可以依据海事诉讼特别程序法第二十九条的规定，向准许其保全申请的海事法院申请拍卖船舶。

第三条【光租船舶的拍卖】

船舶因光船承租人对海事请求负有责任而被扣押的，海事请求人可以依据海事诉讼特别程序法第二十九条的规定，申请拍卖船舶用于清偿光船承租人经营该船舶产生的相关债务。

前款规定不影响其他海事请求人向船舶所有人依法行使权利。

第四条【海事请求人提供担保的例外】

海事请求人申请扣押船舶的，海事法院应当责令其提供担保，但具有下列情形之一的可以不要求提供担保：

（一）海事请求人资信良好，具有承担相应民事责任的能力且不存在执行障碍；

（二）因船员劳务合同、海上人身损害赔偿纠纷申请扣押船舶且事实清楚、债权债务关系明确。

第五条【海事请求人担保数额的确定】

海事法院在决定海事请求人提供担保的数额时，应按照《最高人民法院关于适用〈中华人民共和国海事诉讼特别程序法〉若干问题的解释》第二十四条的规定，确定可能造成的损失。

海事法院依照海事诉讼特别程序法第十六条的规定，责令海事请求人提供担保时，船期损失、维持费用和支出可暂按30日扣押期间计算。情况紧急时，可以允许海事请求人分批提供担保。

第六条【海事请求人担保的调整】

船舶扣押期间，海事请求人提供的担保数额可能不足时，海事法院应责令其追加担保。

被请求人对海事请求人提供的担保提出异议，经审查合理的，海事法院应责令海事请求人更换或追加担保。

海事请求人因船舶实际扣押期间少于其担保的扣押期间，依据海事诉讼特别程序法第七十七条的规定要求返还相应担保的，海事法院应予准许。

第七条【海事请求人担保的返还】

存在下列情形之一的，海事法院可以返还海事请求人为申请扣押船舶提交的担保：

（一）被请求人同意返还；

（二）被请求人在船舶被解除扣押或者拍卖后六个月内，没有提起关于扣押船舶错误索赔诉讼或仲裁；

（三）发生法律效力的判决书、调解书或仲裁裁决书认定被请求人负有责任，且赔偿或给付金额与海事请求人申请扣船时要求被请求人提供担保的数额基本相当。

第八条【扣押期间的管理】

船舶扣押期间的安全与管理由船舶所有人或光船承租人负责。

船舶所有人或光船承租人不履行安全管理职责的，海事法院可委托第三人或者海事请求人管理。船舶在此期间的风险与费用由被请求人承担。海事请求人申请解除船舶扣押的，该项费用由海事请求人承担。

第九条【保全与诉讼分别管辖】

船舶被扣押后，海事请求人依据海事诉讼特别程序法第十九条的规定，向其他有管辖权的海事法院提起诉讼的，由扣押船舶的海事法院继续实施保全措施。

第十条【扣前终结执行】

海事请求人在扣押船舶裁定执行前撤回扣押船舶申请，海事法院裁定准许的，应一并裁定终结原扣押船舶裁定的执行。

扣押船舶裁定作出后无法执行的，海事法院应裁定终结执行。

第十一条【拍卖公告期】

第一次拍卖船舶的公告期间，适用海事诉讼特别程序法第三十二条的规定，不得少于三十日。需要再次拍卖的，拍卖公告适用拍卖法第四章第二节的规定，公告期间不得少于七日。

第十二条【拍卖的实施】

拍卖船舶由拍卖船舶委员会实施，海事法院不得另行委托拍卖机构进行拍卖。

第十三条【保留价的确定】

海事法院拍卖船舶应当依据评估价确定保留价。保留价不得公开。

第一次拍卖时，保留价不得低于评估价的百分之八十；因流拍需要再行拍卖的，可以酌情降低保留价，但每次降低的数额不得超过前次保留价的百分之二十。

第十四条【有底价变卖】

对经过两次拍卖仍然流拍的船舶，可以进行变卖。变卖价格不得低于评估价的百分之五十。

第十五条【无底价变卖】

船舶经变卖仍未成交的，经已受理登记债权三分之二以上份额的债权人同意，可以进行无底价变卖处理。仍未成交的，海事法院可以解除船舶扣押，组织拍卖、变卖产生的费用由拍卖申请人承担。

第十六条【拍卖消灭其他保全措施】

船舶经海事法院拍卖、变卖处理后，此前针对该船舶采取的其他保全措施效力消灭。

第十七条【债权登记期间】

海事诉讼特别程序法第一百一十一条规定的申请债权登记期间的届满之日，为拍卖船舶连续公告最后一次发布之日起第六十日。

第十八条【债权登记裁定时间】

海事法院受理债权登记申请后，应当在船舶被拍卖、变卖成交后，依照海事诉讼特别程序法第一百一十四条的规定作出是否准予的裁定。

第十九条【债权登记例外】

申请扣押船舶的海事请求人，在船舶拍卖后，可以不经过债权登记，直接参与船舶价款的分配。

第二十条【债权登记的终结】

海事法院裁定终止拍卖船舶的，应同时裁定终结债权登记受偿程序，债权人已经交纳的债权登记申请费由申请终止拍卖船舶的当事人负担。因无法成交而终止拍卖的，债权登记申请费由申请拍卖船舶的当事人负担。

第二十一条【债权登记前已受理案件的审理】

当事人在债权登记前已经就有关债权提起诉讼的，继续按原程序进行审理，当事人对海事法院作出的判决、裁定可以依法提起上诉。

第二十二条【确权诉讼的例外】

债权人依据海事诉讼特别程序法第一百一十六条第一款的规定提起确权诉讼后，需要判定碰撞船舶过失程度比例的，案件的审理不适用海事诉讼特别程序法规定的确权诉讼程序，当事人对海事法院作出的判决、裁定可以依法提起上诉。

第二十三条【船舶价款的分配】

海事法院拍卖、变卖船舶所得价款及其利息，先行拨付海事诉讼特别程序法第一百一十九条第二款规定的费用后，在已经登记的债权范围内，按照下列顺序进行分配：

（一）具有船舶优先权的海事请求；

（二）由船舶留置权担保的海事请求；

（三）由船舶抵押权担保的海事请求；

（四）与被拍卖、变卖船舶有关的其他海事请求。

依据海事诉讼特别程序法第二十三条第二款的规定申请扣押船舶的海事请求人申请拍卖船舶的，在前款规定海事请求清偿后，参与船舶价款的分配。

依照前款规定分配后的余款，按照民事诉讼法及有关司法解释的规定执行。

第二十四条【未足额受偿债权的执行】

船舶拍卖价款分配完毕后，没有足额受偿的债权人包括确权诉讼判决、裁定确定的债权人，就未足额受偿的部分，可以另行申请强制执行。

第二十五条【破产企业船舶的拍卖】

海事法院接受委托，拍卖破产企业所有的船舶，应按照海事诉讼特别程序法的规定，对享有船舶优先权、留置权、抵押权等优先受偿的债权完成债权登记与受偿程序后，将剩余船舶价款移交受理企业破产案件的人民法院。

第二十六条【船舶担保物权实现程序】

当事人依据民事诉讼法第十五章第七节的规定，申请拍卖船舶实现船舶担保物权的，由船舶所在地或船籍港所在地的海事法院管辖，按照海事诉讼特别程序法以及本规定关于船舶拍卖受偿程序的规定处理。

第二十七条【适用范围】

本规定关于拍卖船舶的规定，适用于海事法院在海事请求保全以及执行程序中的拍卖船舶。

第二十八条【时间效力】

本规定施行前本院作出的有关司法解释与本规定相抵触的，以本规定为准。

本规定施行前已经实施的船舶扣押与拍卖，本规定施行后当事人申请复议的，不适用本规定。

第二十九条【废止94卖船规定】

本规定自颁布之日起施行。本院一九九四年七月六日发布的《关于海事法院拍卖被扣押船舶清偿债务的规定》同时废止。

《民事法律文件解读》
2013 年总目录

法律、法律性文件与解读

法规、法规性文件与解读

司法解释、司法解释性文件与解读

部门规章、部门规章性文件与解读

地方性法规、地方政府规章与解读

地方司法业务文件与解读

司法实务问题研究

新类型疑难案例选评

法律适用问题解答

典型案例要旨评析

最新立法、司法动态

小额诉讼程序实务专题

2012 年中国法院知识产权司法保护专题

《最高人民法院关于审理道路交通事故损害赔偿案件适用法律若干问题的解释》专辑

《最高人民法院关于审理劳动争议案件适用法律若干问题的解释（四）》专辑

《最新法律文件解读》丛书
稿　约

《最新法律文件解读》是一套以为最新法律规范提供同步“解读”为主的系列丛书,分为刑事、民事、商事、行政与执行4个分册,按月出版。

本丛书以“解读”为重点,突出全、专、新、快、准等特点,通过对最新出台的法律、法规、司法解释、部门规章以及重要地方性法规进行同步动态解读,弥补了法律、法规、司法解释汇编类出版物没有同步阐释、解读内容的不足,为广大读者学习理解最新法律规范,正确贯彻执行法律文件,及时解决实践中的新情况、新问题,提供一个全方位、多层面的法律信息平台。

欢迎您向以下栏目赐稿:

【最新法律文件解读】主要是对最新颁行的法律文件进行解读,帮助司法和执法人员正确理解法律文件的立法背景、意义、重点内容、在适用中应注意的问题、与相关法律文件的衔接与互动关系等等。

【司法实务问题研究】主要刊登对司法理论、实务及司法管理工作中的热点、疑难问题进行研究及评论的文章。

【新类型疑难案例选评】主要是对司法和行政执法实践中具有典型性和代表性的疑难案例,结合具体案情以及审理或处理结果进行简练精辟的点评,解析认识问题的方法、处理问题的法律依据和在个案中的具体适用。

【法学前沿与新视点】以摘要的形式刊登相关法学理论研究的最新动态及具有代表性和典型性的前沿问题,扩展法学研究的深度和广度。

【法律适用问题解答】主要针对司法和行政执法实践中面临的新问题、热点问题、疑难问题进行简要地解答,指出涉及的法律关系,明确法律适用依据。

稿件一经刊用,即付稿酬,稿酬从优。

《刑事法律文件解读》　兰丽专　邮箱:lanlizhuan@ sohu. com
《民事法律文件解读》　肖瑾璟　邮箱:courtbook@ 163. com
《商事法律文件解读》　孙振宇　邮箱:shangshijiedu@ 126. com
《行政与执行法律文件解读》　丁丽娜　邮箱:dlnlaw@ 163. com

人民法院出版社
《最新法律文件解读》丛书编辑部